智慧父母成长课堂

让孩子学会独立人际交往

董丽敏 编著

清華大學出版社
北京

内容简介

这是一本为了引起家长对孩子交往能力的重视，了解孩子在交往中可能出现的一些共性问题，为家长更有效地指导孩子学会独立人际交往提供策略的书，希望良好的人际交往策略让每个孩子和父母、同伴、老师都是最美的遇见，让生命中的每个相遇都是最美的遇见。全书分三部分：和孩子一起成长——亲子交往篇、相逢是首歌——同伴交往篇、人生不能无师——师生交往篇。每篇都包括名人名言、引入、案例、案例反思、策略与建议、人生哲学六个框架，通过日常生活中的案例，以通俗易懂的语言探讨孩子成长过程中可能会遇到的交往问题，并提出策略与建议。

图书在版编目(CIP)数据

让孩子学会独立人际交往/董丽敏编著.—北京：清华大学出版社，2021.10
(智慧父母成长课堂)
ISBN 978-7-302-59222-8

Ⅰ.①让… Ⅱ.①董… Ⅲ.①家庭教育 Ⅳ.①G78

中国版本图书馆CIP数据核字(2021)第188088号

责任编辑：田在儒
封面设计：刘　键
责任校对：赵琳爽
责任印制：宋　林

出版发行：清华大学出版社
网　　址：http://www.tup.com.cn，http://www.wqbook.com
地　　址：北京清华大学学研大厦A座　**邮　　编**：100084
社 总 机：010-62770175　**邮　　购**：010-62786544
投稿与读者服务：010-62776969，c-service@tup.tsinghua.edu.cn
质量反馈：010-62772015，zhiliang@tup.tsinghua.edu.cn
印 装 者：小森印刷霸州有限公司
经　　销：全国新华书店
开　　本：148mm×210mm　**印　　张**：32.375　**字　　数**：635千字
版　　次：2021年10月第1版　**印　　次**：2021年10月第1次印刷
定　　价：198.00元(全5册)

产品编号：088198-01

“智慧父母成长课堂”丛书
编委会名单

序

PREFACE

古往今来，纵观人类文明史可以发现一个永远不变的真谛：父母不仅是儿女的第一任教师，更是儿女的终身教师。家庭教育作为人生教育的第一课，是学校教育、社会教育的基础，也是一个人世界观、人生观、价值观形成的重要基础。它不管是在每个人一生的成长过程中，还是在社会风气和社会文明的形成发展中，都具有强本铸魂的奠基作用。因此可以说，家庭作为人接受教育的摇篮和接受教育的第一个场所，在人一生由浅入深的教育过程中，任何人所接受的最浅显、最基础的教育，都是通过家庭、特别是通过父母来完成的。如果没有家庭教育所传授的那些基本知识、学习本领、生活技能等作为基础，人是很难顺利接受学校教育和社会教育的。是故，家庭既是人的第一课堂，也是人的终身课堂。

世界已经进入终身学习的时代，而一个国家的终身教育平台是靠家庭教育、学校教育、社会教育三大支柱支撑的。时至今日，我国的学校教育、社会教育都有法律的规范、科学的指导、现代技术的支持，而家庭教育则处于初始状态，缺乏系统的

科学指导，在某些方面忽视甚至抵触现代教育理念。

在此背景下，“智慧父母成长课堂”丛书应运而生。本丛书以教育部出台的规划精神为指导，遵循家庭教育常识和有关规律，面对现实问题，秉持人性论、生存论、人本主义等理论基础，观照家庭教育对象生命的独特性和完整性、生命体验以及生存状态，坚持以社会学为主导的多学科、综合视角，避免如教育学、心理学等单一学科思维，且兼具可读性、科学性和实用性。

本丛书具有以下三个亮点。

第一，全新的认识和理念。当下家庭教育中最需要接受教育的不是孩子，而是父母。当前中国的家庭教育现状不容乐观，最大原因是中国家庭传统的断裂与师承出了问题。大多数父母对孩子的教育都是继承而不是创新，认为只要按照从上一辈那里学来的经验来教育子女就大致不会出错，认识不到自己所获得的家庭教育经验在巨变下的今天已经无法参照。因此，处在摸索阶段的当代中国父母在家庭教育中出现的问题看似在孩子身上，根却在成人身上，家长的自身教育已经刻不容缓。

第二，科学的认知和建构。当下家庭教育中最需要纠偏的不是教育策略，而是教育理念。以耳提面命、时时关注、步步盯梢的方式，把孩子培养成学习好、听话、懂事的乖孩子成为当下家庭教育中最普遍、最偏颇的理念，很多家长都未曾懂得“教育的本质意味着一棵树摇动一棵树，一朵云推动一朵云，一个灵魂唤醒一个灵魂”。不懂得教育最好的目的是解放孩子，解放孩子的潜质、个性和与生俱来的智慧，帮助孩子找到自己。

第三，深刻的理解和引导。当下家庭教育中最缺失的不是教育目标，而是健康的教育心理。当今中国家庭教育隐藏深远的问题是普遍焦虑——从孩子到父母到祖父母。根源在于父母秉承了传统教育中沉重悲观的思维方式，从而造成急功近利的普遍心态。同时，重养轻教、重物质轻精神、重说教轻氛围，以及传统观念中把孩子当私有财产的灰暗心态也比比皆是。于是，很多家长早已习惯于把自己和孩子的生命当作一场竞赛，从最初接受教育开始，父母都期望培养孩子能在未来具有竞争力——竞争名次靠前，竞争重点班级，竞争进入名校，竞争一份好工作，竞争出人头地。所以，人人似乎都是竞争对手。学习和生活也因此成为沉重之旅，痛苦之旅，斗争之旅。因此，如何培育健康的家庭教育心理已成当务之急：把生命看作一段旅程，把它当作永恒的学习之旅，持久的进步之旅，以及爱之旅，和他人彼此尊重，各自享受属于自己的人生之旅。

本丛书以当下家长教育孩子的现状、存在问题、实践行动为立足点，以智慧家长智慧爱为目标，分别以"给孩子正确的爱""学习是孩子自己的责任""注重培养孩子健全的人格""让孩子学会独立人际交往""孩子的行为矫正与塑造"为题，帮助家长学会正确爱孩子，学会让孩子主动且高质量地学习，学会在日常中培养孩子健全的人格，学会让孩子独立地进行人际交往，学会及时对孩子的行为进行矫正与塑造，从而给迷惘而焦虑的家长指点迷津，成为特别有爱的智慧家长。

《给孩子正确的爱——如何避开亲子之爱的六大误区》是杨敏教授关于家庭、关于孩子、关于爱与人生的又一鼎力之作。在书中，杨教授通过深入解读当下一系列亲子之爱的真实案

例，以娓娓道来的方式帮助中国父母拨开云雾，点一盏灯，引领中国父母在陪伴孩子的岁月里避开亲子之爱的六大误区——附加条件的爱、包办替代的爱、强制服从的爱、无法满足的爱、要求回报的爱、跨越界限的爱。全书30个鲜活案例，30例动人故事，30篇哲理美文，引导广大读者打开通向孩子心灵的窗，启迪爱的智慧，点亮平凡人生。

《学习是孩子自己的责任》是孙传远教授撰写的第三部家庭教育著作。在书中，孙教授从家长与孩子交往的角度入手，以书信、故事、案例分析等生动有趣的方式，从七个方面引导家长思考和行动——人为什么要学习？要把孩子培养成为什么样的人？学习需要什么样的条件？学习仅仅是掌握知识吗？用什么方法能使学习更有效？能让孩子的学习变得更快乐吗？如何教会孩子面对学习困难与挫折？带领家长和孩子一起深刻认识和领悟：学习是孩子自己的责任！同时也向读者传递家庭教育一个美好的理念："我们需要被看见，而那得是带着理解、爱和接纳的眼睛，并且看见的也是我们自身，而不是对方的想象。"

《注重培养孩子健全的人格》由心理学副教授刘玉梅和家庭教育指导师孙少华合作完成。本书以国内外的心理学研究成果为基础，探究孩子健全人格的培养路径。全书分为三篇。第一篇"破译孩子心灵成长的密码"，以埃里克森人格发展理论为基础，厘清孩子在不同年龄阶段的人格发展特点，提醒父母顺应孩子身心发展的规律与节奏，选择适合孩子的教育方式。第二篇"探寻孩子行为背后的真相"，重点分析影响孩子人格形成与发展的各种因素，给父母的亲子教育以理性引导。第三篇“领悟开启孩子幸福人生的教育智慧”，从儿童心理学和教育心理学视角阐述培养孩子健全人格的方法，助推父母以自己全部的爱心、学识、良知、勇气去感染孩子，唤起孩子对未来生活的无限憧憬和乐观期待。作者遵循“读者中心”与“读者友好”的理念，集科学性、知识性、指导性和实用性为一体，既有生动真实的案例介绍，又有深入浅出的理论分析，表述风格兼顾通俗性与严谨性，可以让广大父母朋友们在轻松的阅读中受到启发，孩子和家庭也能受益。

《让孩子学会独立人际交往》是董丽敏副教授出版的第二部家庭教育著作。全书的写作宗旨是引导父母重视孩子的交往能力，帮助父母了解孩子在人际交往中可能出现的共性问题，协助父母更有效地指导孩子学会独立的人际交往，让每个孩子和家人、老师、同伴的关系都成为人生中最美的遇见。具体内容分三部分：和孩子一起成长——亲子交往篇，相逢是首歌——同伴交往篇，人生不能无师——师生交往篇。每篇都包括名人名言、引入、案例、案例反思、策略与建议、人生哲学六个框架。通过鲜活的日常生活案例，以通俗易懂的语言，带领家长探讨孩子成长过程中可能会遇到的种种交往问题，并提出策略与建议。

《孩子的行为矫正与塑造》由副研究员李学书完成。作者选取当下生活中的一些典型案例，在细致剖析和入微解读的基础上，以孩子行为发展为主线，以孩子成长过程中常见的诸多问题为核心，从家长教育、认知能力、情感培养、学习行为、励志

行为、交往行为等六个部分娓娓道来，帮助家长科学关注孩子的身心健康，解决家长在孩子教育过程中所遇到的疑难和困惑，促进孩子全面发展。全书45个鲜活案例，22节理性妙文，带领家长一起思考和探索孩子行为矫正和塑造的一系列问题，也对家长如何从自身做起，不断提升和完善自己提供切实可行的行动策略。

苏联教育家苏霍姆林斯基曾说过："父母的爱应当是这样的：它能激起孩子对周围世界，对人所创造的一切的关心，激起他为别人服务的热情。"同时，他也曾留下过这样一句动人心扉的话："在每个孩子心中最隐秘的一角，都有一根独特的琴弦，拨动它就会发出特有的音响，要使孩子的心同我讲的话发生共鸣，我自身就需要同孩子的心弦对准音调。"相信通过这套书的阅读，能让每一位家长都在自我提升的基础上引领孩子奏响明媚的生命之歌！

"智慧父母成长课堂"丛书编委会主任　王伯军

前言

FOREWORD

在家长、孩子和老师都焦虑的当下，一个心灵健康、人格健全的孩子一定掌握了良好的交往技能，但是很多情况下，因为父母与孩子沟通不够，或是父母对孩子管得过多，或是父母把学习知识当成了“好孩子”的标准，导致交流出现短板。我们都知道，天下没有不爱自己孩子的父母，但爱的方式不同，结果就不同，重要的是要采取孩子能够接纳的方式。

随着孩子渐渐长大，进入幼儿园、小学、中学……作为家长，我们是否曾想过以下问题：孩子与家人、老师、同学相处融洽吗？他们是否因相处不好而烦恼、担心呢？那么，家长该如何帮孩子打造一个良好的人际关系呢？

《让孩子学会独立人际交往》就是一本为了引起家长对孩子交往能力的重视，了解孩子在人际交往中可能出现的一些共性问题，为家长更有效地指导孩子学会独立人际交往提供策略的书，全书分三部分：和孩子一起成长——亲子交往篇、相逢是首歌——同伴交往篇、人生不能无师——师生交往篇。其中，和孩子一起成长——亲子交往篇，包括接纳孩子的不完美、别拿孩子和别人比、做不唠叨的父母、做孩子的好朋友、鼓励孩子走向成功、家长请管理好自己的情绪、帮助孩子疏导情绪、给孩子自主选择的权利、别让父亲角色弱化或缺失、留守儿童的亲子交往、流动儿童的亲子交往；相逢是首歌——同伴交往篇，包括宽容是建立真正友情的关键、让孩子学会换位思考、诚信是交朋友的基石、教孩子学会自己处理冲突、孩子交了坏朋友怎么办、“同桌”这个事，家长管不管、孩子遇到校园欺凌怎么办、把握网络交往的尺度、正确看待孩子的异性交往、孩子早恋怎么办、孩子有社交障碍怎么办；人生不能无师——师生交往篇，包括做师生关系的“润滑剂”、培养孩子欣赏老师的优点、教孩子正确看待老师的批评、老师不是万能的、当老师请家长时、孩子惧怕老师怎么办。每篇都包括名人名言、引入、案例、案例反思、策略与建议、人生哲学六个框架，以通俗易懂的语言探讨孩子成长过程中可能会遇到的交往问题，并提出策略与建议。愿本书能对广大家长有所启发和帮助。

董丽敏

相关资料

目录
CONTENTS

一、和孩子一起成长——亲子交往篇

在孩子的成长过程中，作为家长，我们是否曾想过以下问题：孩子与家人、老师、同学相处融洽吗？他们是否因相处不好而烦恼、担心呢？父母该如何帮助孩子拥有一个良好的人际关系呢？

亲子交往即父母和孩子之间的交往，包括父亲和子女的交往、母亲和子女的交往。亲子交往是孩子最初的交往，是人们形成的第一个人际关系，这种人际关系对人的影响很大。孩子与他人的交往模式，即使在成年以后，也会带有父母的影子，因为在亲子交往中，父母的性格、交往方式、教养方式等都会潜移默化地影响孩子。

有的父母自认为吃过很多亏，也看透很多事情，为了不让孩子走弯路，总想把自己的人生经验和教训都告诉孩子，总觉得孩子还小，不懂事，还有的父母把学习好当作“好孩子”的唯一标准，亲子之间难免发生矛盾。其实，与孩子交往是一件很有学问的事，父母说话不注意，就会使孩子反感，本来出于好心，也容易变成“坏事”。故此，在与孩子相处时，父母首先要善

待自己的孩子，要尽量用心去和孩子交流，走进孩子的内心世界，了解孩子的真实想法，和孩子一起成长。

所有的父母都是爱孩子的，都希望和孩子成为无话不说的朋友，但是随着孩子的不断成长，很多亲子之间出现了浓浓的火药味，如何让亲子之间更好地沟通，是很多父母关注的问题。

亲子交往需要以爱为纽带，以接纳为前提，以尊重和鼓励为路径，最终达到辅助孩子成长的目的。

1. 接纳孩子的不完美

我知道我不是一个完美的小孩，但你们从来也不是完美的父母，所以我们必须互相容忍，辛苦坚强地活下去。

——几米

引入

当孩子骄傲地说："妈妈，我这次数学考试得了98分。""怎么没考100分呀？哪里出错了？你们班有考100分的吗？"妈妈这样脱口而出的话，对孩子的学习热情而言无疑是一盆冷水，久而久之，孩子的努力得不到认可，也许就不愿再努力了。换作我们大人，如果你的工作总得不到领导的认可，是不是也会失去工作的积极性呢？

在一次电视采访中，妈妈们给孩子们打分，有70分、80分、90分，就是没有人给满分，而孩子们给妈妈们打的都是满分。可见，在孩子眼中，父母都是完美的，而在父母眼中，"别人家的孩子"才是世界上最完美的孩子，即使自己的孩子很优秀，也总有这样或那样的不完美。更不用说那些顽皮捣蛋的熊孩子、胆小怯懦的小宝贝、不爱学习的孩子……面对孩子的不完美，焦虑纠结的父母该如何做呢？我们先看一个案例。

案例

克罗地亚插画家安德烈娅的儿子尼奥是一名小学生，他非常活泼，喜欢乱写乱画，上课注意力不集中，常常有老师打电话给他妈妈说："你不是一个好妈妈，因为今天尼奥又没有把笔记本带过来。"妈妈觉得很奇怪，一开始以为是尼奥把小本子弄丢了，就给他买了新的小本子。后来发现他不是不断地弄丢本子，而是他每天都要在小本子上画很多东西，有些画下面还配上一些文字，翻开他的本子，根本就没有老师的评语，只有他自己的涂鸦。每个妈妈都希望自己的孩子在学校里能表现得特别棒，作为母亲，她一开始很沮丧，也很生气，不停地发火，因为每一次她让尼奥写作业，他都说不要。渐渐地，妈妈发现对尼奥大喊大叫并不是一个好办法，于是她决定静下心来改变方法。她发现尼奥总是对自己的画作感觉良好，妈妈看到尼奥的涂鸦本后，便根据尼奥在小本子上画的东西创作了图画书《爱幻想的伊恩》。在妈妈的鼓励下，尼奥也变得很努力，渐渐地，他的字越写越好，父母和老师也常常夸奖他。（根据《爱幻想的伊恩》的创作过程改编）

案例反思

当我们满怀着爱，期待孩子的诞生时，我们把他当成了天使，愿意为他付出一切，但随着孩子渐渐长大，有的父母开始发现了孩子的不完美之处，如淘气、叛逆、不够漂亮、学习不好等，这时，他们的爱就变成了有选择的、局部的，于是对孩子的爱便附加了条件，预设了前提。当我们总是以有条件的爱面对孩子时，必定会给予各种否定和不满，如果一个孩子每天面对的是父母的否定和不满，他也会变得自暴自弃，破罐子破摔。

现实中很多父母把学习好当成“好孩子”的标准，为了孩子的学习而焦头烂额，更因为分数的不理想而责骂孩子，只要孩子成绩不如意，仿佛这孩子便一无是处。其实，成绩不过是孩子在一个阶段的表现，也仅仅代表孩子在某方面的能力，而不是孩子的全部。案例中尼奥的妈妈刚发现孩子不爱学习时也沮丧、生气、发火，甚至进行压制，但她很快就改变了方法，用母亲的温情关怀孩子，主动去和孩子沟通，欣赏孩子的不完美，发现孩子的长处，并及时予以鼓励，让孩子相信自己可以成功，可以勇敢地面对挫折，尼奥正是在妈妈不断地鼓励中逐渐变得完美的。尼奥的故事告诉我们，每个孩子的身上都存在前行的能量，而这能量的爆发，需要父母的温暖呵护，也需要包容的环境。

上帝如果关上了门，就会为你打开一扇窗。每个孩子都有自己的优缺点，作为父母，我们不能只看到孩子的不足，盯着缺点不放，我们应该像案例中尼奥的妈妈一样，接受孩子的不完美，善于发现孩子的闪光点，以此鼓励孩子一步一步走向成功。

策略与建议

接纳孩子的不完美是父母给孩子最好的礼物。我们可以试着合理设置对孩子的期望，放松对孩子的一些要求，忽略孩子一些无关紧要的小毛病，多拥抱孩子，多发现他的优点，多向他表达你真正的爱、无条件的爱。爱孩子就要接纳孩子的所有，不论他是聪明还是愚钝、可爱还是淘气、美还是丑，父母只有无条件地接纳孩子，孩子才会接纳自己并接纳他人。因此，父母要从以下几点来接纳孩子的不完美。

(1) 尊重孩子的差异。每个孩子都是独一无二的个体，都有自己的长处和不足。有的孩子可能太有创造性以至于不愿意被关在无聊的教室里，有的孩子也许一时还不太擅长学习，面对这样的孩子，生气、发火、大喊大叫并不是一个好办法，因为那样会使孩子变得越来越糟糕，我们不能总是盯着孩子暂时的不足，而是要接纳孩子的现状，接纳孩子的一切不完美，不要以苛求的心态去逼迫孩子达到我们设想的要求，而是给孩子足够的空间，欣赏他的优点，接纳他的缺点，鼓励他，只要他写了作业，或者表现得不错就鼓励他，每个孩子都渴望被表扬，我们要让孩子在家长不断合理地鼓励和表扬中慢慢去改进和提升，逐渐变得完美。

（2）学会欣赏孩子。当我们接纳了自己的孩子后，还要懂得如何欣赏孩子。作为家长，我们没有理由不欣赏自己的孩子，就算所有人都看不起自己的孩子，你也要欣赏他，这就是作为父母的爱的力量。只要你善于发现孩子的优点，而不是一味地放大孩子的缺点，你就能找到欣赏他的理由。例如，孩子学习成绩不怎么样，但唱歌或画画很好，你就该欣赏他音乐美术方面的才能，而不是悲伤地感叹他将来成不了你设想的学者；当孩子静心地研究一个玩具，你该欣赏他的好奇心和专注力，而不是抱怨他耽误了写作业。当孩子身上的缺点像星星一样多的时候，请把他的优点当成太阳，太阳出现的时候，星星就不见了。

（3）多鼓励表扬孩子。孩子都有显示自己特长的性格，喜欢受到家长和老师的肯定和赞扬，更希望家长和老师少批评自己，针对这一性格特点，我们应该把表扬和批评结合起来，发挥他们自然向上的心理特点，培养孩子自信、自强的性格。例如，把孩子表现好的事情记录下来，当他做错事时拿出来和他研究，鼓励他扬长避短，造就孩子天真自信的童年心境。在孩子初学打基础的时候，如果你不能接受孩子的缺点，批评指责会让孩子越来越差，相反，如果你能依照孩子的兴趣，经常表扬他、鼓励他，那么，孩子会越变越好。

人生哲学

不完美是构成完美生命的一部分，它是平衡力，是潜力，正是这种对待不完美的态度才导致了各不相同的人生。在家庭教育中，接纳孩子是非常关键的一步，家长只有充分地接纳孩子，才能给他营造一种安全信任的家庭氛围，让我们在追求完美的过程中，别对孩子太苛求，当你真正地学会了接纳，就是完美行为的开始……

当我们强调缺点的时候，大家的注意力都会集中在缺点上，有时会忘记那或许只是一个事情的两个面，就像如何看待一只半空半满的杯子。事实上，孩子也许在某一方面不够完美，但“尺有所短，寸有所长”，每个孩子都有自己的优点，这就要看父母是否能拥有一双识别孩子优点的慧眼。一个大花园里有各种各样的鲜花，也许你的孩子不是最大、最艳的那朵，但可以是朵小清新，他有自己的花期和价值，如果你精心呵护他，看着他慢慢长大，陪着他沐浴阳光、经历风雨，何尝不是一件幸福的事呢？就像案例中尼奥的母亲，发挥孩子的优势，让他获得成功。

俗话说“金无足赤，人无完人”，世上没有完美的人，更没有完美的孩子。也许他不够完美，但他是你的孩子，你陪伴他的同时也在不断地完善自己。所以，我们要接纳孩子的不完美，无条件地爱自己的孩子，为他遮挡未知的风雨，陪着他做不完美的梦，唱不完美的歌。

2. 别拿孩子和别人比

你的鞭子下有瓦特，你的冷眼里有牛顿，你的讥笑声中有爱迪生。

——陶行知

引入

在江苏卫视某个节目的舞台上，9 岁男孩吴耀杰的原创歌曲《我只是个孩子》深深打动了各位评委的心，一首歌唱出了他和许多孩子内心的压抑。现实中，我们也常常听到："你看看隔壁家的某某，学习多自觉啊！""我同事儿子考上了重点中学，你怎么就没人家争气呢？"……父母总是喜欢拿自家孩子和"别人家孩子"比较，似乎很多爸爸妈妈的心里都住了一个"别人家的孩子"，以致每个孩子从小到大都有一个宿敌，名字叫作"别人家的孩子"。这个"别人家的孩子"不玩游戏，不用微信和 QQ 聊天，就知道学习，每次考试年级第一；这个"别人家的孩子"会做家务、有礼貌、知书达理，既乖巧又听话。总之，这个"别人家的孩子"，所有人的优点他都有，所有人的缺点他都没有。

也许很多父母认为，一个不愁吃穿，每天的任务就是去上

学的孩子，本该是开心、幸福的，殊不知，就是因为父母经常把自家的孩子和“别人家的孩子”做比较，给孩子带来了说不出的抑郁和苦闷。我们先看看下面的案例。

案例

别拿自己的孩子和别人比①

孩子声音：我就是我，不要拿我和别人比。

“……我经常都不知道自己在想什么，也不知道自己想要什么？好像从记事起，我的爸爸妈妈就不断地拿别人和我比，尤其在每次开完家长会后。他们既然认为别人好，就让别人做他们的儿子好了。再说我不是不想学好，我也在努力，可为什么我的成绩他们都看不到呢？我甚至都不想再待在家里了，我讨厌任何人。为什么他们都不能了解我呢……”这是朝阳区小学生小飞和记者聊天时说起的一段话。

记者从北京市青少年心理咨询中心了解到，目前，北京市青少年心理健康问题正呈增多的趋势，其中以高中生居多，占总数的70%，其症状主要表现为焦虑、抑郁、神经衰弱和强迫症等。据分析认为，目前青少年心理健康问题增多的主要原因是学习压力大、社会不良影响大而心理排解少。

① 雨乡. 对孩子的期望要实际[J]. 中华家教，2008(12)：11-12.

家长苦恼：别人行，你为什么就不行？

小飞的妈妈一说起儿子的学习就特别激动："我们做父母的为了什么？舍不得吃、舍不得穿的，可他就不给我们争气。你看，我那老姐们儿的孩子，比他还小一岁，学习从来就没让家长操过心！我横看竖看，我们孩子不比别人差到哪儿啊？别人行，他为什么就不行？"

记者在采访中了解到，除了在学习上对孩子要求严格外，生活上小飞的爸妈真可算是无微不至了，即使再困难也没有委屈过儿子。然而，小飞和爸妈却怎么也亲近不起来。

小飞的爸爸对记者说："有时候我也知道孩子压力太大，可是没有办法，我们不能照顾他一辈子，你说对不？他现在不努力学习找个好工作，等我们一蹬腿他怎么办？"说着话，他还从抽屉里拿出一张写满字的纸来，"这是我收拾房间从地上捡到的，你看看，都写了些啥？"记者看到，这页纸好像是日记本脱线掉下来的，上面写道"……有一件事，我想不明白，我到底是进步了还是退步了。这次月考，我在班上排名12，年级排名68，进入了前100名，总的来说，我应该是进步了。因为上学期期末，我在班上的名次是25，年级名次是152。在努力中，我这学期进步了。可是，今天下午，我回到家，并没有得到爸爸的鼓励，而是被他狠狠地训了一顿：'我像你这么大的时候，想上学还没条件呢！可我们为你创造这么好的条件，你就这样来回报我们？你看看×××，人家为什么能考第一？你真让我们失望……'又来了，又来了……还有，我现在是独来独往了，我和许多人都绝交了（包括××），也没和学习差的人来往了。我想这大概就是我之所以进步的原因吧……”

“其实看到这些话，我心里也不好受，但我们想不出还有什么更好的教育方法了。我并没拿那些伟人来和他比，因为太不现实。我只是和他身边的人，和我们都一样的普通人来对比，大家都是头脑健全的人，如果他不行，那我认为是他努力得还不够！”小飞爸爸对记者说。

案例反思

案例中，孩子苦，家长愁，都是因为“比”。实际上，由于家庭背景、成长经历等诸多因素，孩子都是有差异的，有优点，也存在不足，但很多家长往往忽略了这一点。如同世界上没有两片相同的叶子一样，我们的孩子也是独一无二的。

哈佛大学心理学教授霍华德·加德纳博士在20世纪80年代提出的多元智力理论认为，人的智力由言语——语言智力、逻辑——数理智力、视觉——空间关系智力、音乐——节奏智力、身体——运动智力、人际交往智力、自我反省智力、自然观察者智力和存在智力构成。这九种智力在每个人身上都同时存在，只是存在的方式不同，存在的程度不同，存在的组合不同，所以每个人才各具特色。也就是说，不存在聪明不聪明的问题，只存在哪一方面更聪明的问题。[①] 因此，我们要善于从不

① 马海娜. 农村小学如何践行“多元化”评价理论[J]. 现代交际，2013(10)：115.

同角度来评价、观察、赏识自己的孩子，引导孩子发现自己擅长的部分，而不是非要假设自己的孩子和别人的孩子是相同的。

没有比较就没有伤害。试想，当自己最亲近的人也觉得自己不如别人家的孩子好时，孩子的自信和自尊怎么能不受到伤害？案例中小飞的父母只是按自己的主观意愿为孩子设置目标，却没有考虑儿子的现有条件是否可以一步达到这个要求，其实给孩子设置的目标应该是孩子“跳一跳”就能摘到的桃子。小飞明明经过自身的努力取得了进步，可父母不仅没有给予鼓励，反而一味地责怪他为什么没考第一。也许父亲认为提醒孩子看到别人的成绩，能激发孩子的上进心，但由于沟通不当，结果事与愿违，让小飞感觉自己无论多么努力都赶不上别人，感觉自己无论怎么做都难以达到父母的要求，得到父母的认可。久而久之，小飞就会在心里产生自我否定，认为自己什么事都干不好，觉得在别人面前抬不起头来，自信心也受到严重的打击，以至于独来独往，和许多人都绝交了，这显然是不利于孩子成长的。试想一下，如果小飞拿回月考成绩时，爸爸首先肯定他比以前进步了，是通过努力获得的，再合理地给他设置下一次的目标，如进入年级前 50 名，鼓励他继续努力，小飞是不是会随着一次次的进步而有了自信呢？

策略与建议

作为父母，我们要时刻牢记，即便是自己生养的孩子，他也是一个独立的个体，正所谓“尺有所短，寸有所长”，每个孩子都有其优秀的一面，也存在一定的不足。有一点可以确定，家长拿自己的孩子和别人家的孩子对比的时候，出发点都是好的，希望孩子能从“比较”中有所警醒，能够奋起直追。但是，事实告诉我们，结果并非我们所愿，不仅不利于孩子自尊心和自信心的培养，还容易让孩子形成攀比心理，如果孩子觉得目标遥不可及，还可能会破罐子破摔。

我们周围的环境充满了比较，孩子的未来也要面临各种比较，家长该怎么做呢？

(1) 记住“三比”，即“自己跟自己比，今天跟昨天比，这次跟上次比”。家长要不断地指出孩子“自己跟自己比”“今天跟昨天比”“这次跟上次比”的进步，哪怕是一丁点的进步，孩子就会积极向上，充满自信。比方说，孩子上次考了 60 分，这次考了 66 分，尽管 66 分并没有超越其他同学，但父母也不用介意，因为孩子比上次进步了。

(2) 在比较中给孩子信心。现实生活中我们经常会碰到这样的情况：你带着孩子去朋友家玩，朋友家的孩子小提琴拉得很棒。这时如果你说：“你看人家××琴拉得多好，你却什么都不会。”显然会伤害孩子的自尊。而如果你询问对方：“什么时候开始学的，每天练多久……”得到对方明确的回答后，你对自己的孩子说：“你能在假期每天坚持打篮球，也很不错，如果你像打篮球一样每天坚持练小提琴，几年之后也会很好的。”这种比较在呈现了别人的努力和进步的同时，也能给你的孩子一个信念：只要努力，就能成功。

(3) 在客观的比较中激励孩子。如果确实觉得别人家的孩

子在某一方面值得自己的孩子学习的话，那么最好先对自己的孩子表现好的方面给予表扬和肯定，然后客观地分析别人的孩子表现比较好的方面，之后在此基础上建议孩子如何学习别人的长处，这样孩子的心里更容易接受。这里要注意的是，在看到别人超越自己时，要让孩子产生的是好奇心而不是嫉妒心，只有这样，孩子才会怀着好奇心去探索对方成功的要素，并应用于自己的实践中，当孩子通过实践不断取得进步时，他内在的力量也会不断增强，慢慢地，他就能真正做到见贤思齐了。

人生哲学

中国的父母往往把自己的想法和自己的“未完成”寄托在孩子身上，好的学校、好的工作、好的成绩……这都是为了父母的面子。在孩子成长过程中，曾经多少次被父母用“别人家的孩子”所打击？

孩子天生就有差别。我们首先要承认这个差别，即使孩子暂时不能让你满意，也要学会等待与忍耐，在孩子原有的基础上帮助孩子进步，多给一些积极的鼓励，自然可以激发孩子的上进心，假以时日，他自然会给你一个惊喜。我们可以拿孩子的今天和昨天比，拿孩子的成功和失败比，就是不能拿自己孩子的短处和别人孩子的长处比，那样只会给孩子造成一种不健康的心理。如果我们把口头禅换成“你比上次好多了”“你进步很快”……这肯定会比苛责孩子，拿孩子和别人去比较，更容易让孩子自信成长。

我们无须追求完美，也无须超越别人，只要不断超越自己，就是在追求卓越，多给孩子一些拥抱吧，别总拿他和别人比。

3. 做不唠叨的父母

没必要对孩子歇斯底里地发脾气，也没有必要唠叨个不停。早晨起来要洗脸刷牙，外出归来要洗手，弄乱的东西要放回原处等，只要有机会就自然地教导孩子，这样不就行了吗？

——池田大作

只要是妈妈，就会不自觉地对孩子不断叮嘱、不断提醒、不断督促，总是不放心，总在忧虑孩子事情做不好。虽然不少孩子长大后会觉得那是妈妈的爱，离家在外的时候会忍不住想念妈妈的唠叨，但孩提时代的他也许并不这么认为。一位心理学家在一所小学里做过这样一个实验，他让这所小学的孩子写出他们最不喜欢的家长的行为。结果，80％的孩子都写到了“唠叨”这个词。[①] 面对喋喋不休的妈妈，他们先是以沉默来表示自己的不满，倘若妈妈仍未停止训斥，他们只能“揭竿而起”——顶嘴反抗了。确实，在很多家庭中，妈妈的唠叨导致母子间无法很好地沟通。我们来看下面的案例。

① 云晓. 别让孩子对教育不耐烦——超限效应[J]. 家长，2016(10)：35-36.

案例①

一天上午，一位母亲心急火燎地找到九年级(1)班的班主任王老师。

“老师，您看到小梅了吗，我家闺女！”这位母亲枯黄的头发被风刮得东一绺西一绺的，像秋天的衰草。

王老师一愣。“小梅，不是回家了吗？昨天学校月休，学生们都回家了，难道小梅没回去？”一听说学生找不到了，王老师也有些乱了方寸，心紧跟着“砰砰”跳起来。

“哦，昨天，她倒是回来了，可是今天早上她就没影儿了……都怨我，唠叨了她几句，想不到她竟然跑了。”母亲像是向老师解释，又像是自言自语，一副手足无措的样子。

“哦，这样啊。没事，我觉得她不会跑到哪里，我给您问问吧！”王老师找出班级电话簿，挨个给小梅的同学打电话。但打了一遍，都说没见到。突然间，母亲的情绪有些失控：“怎么办，这可怎么办啊？”她一边说，一边捶胸顿足。

面对心急如焚的家长，王老师在心里不禁埋怨起了小梅：这个不懂事的孩子，走也不和母亲打个招呼，让母亲急成这个样子。

王老师赶紧继续打电话……在得知女儿的下落后，妈妈便骂骂咧咧地数落起女儿来了。

① 郭东仙.适得其反的唠叨[J].家长，2018(3)：31-32.

学生返校的当天，王老师便找小梅谈话。没想到，小梅竟一脸委屈地说："每次她都不愿意回家，因为每次回家之后，母亲总是拿学习的事情没完没了地唠叨，上初中这几年都是这个样子，她都受不了了。""真的，老师，我不想见到她。"小梅的话冷冷的，仿佛谈论的不是母亲，而是一个与自己毫不相干的人。

案例反思

随着孩子年龄的增长，心理渐趋成熟，产生了"独立感"和"成人感"。他们会力求摆脱对成人的依赖，但由于他们的年龄还相对较小，父母总是不放心孩子，使得他们不可能完全摆脱父母的约束。对于父母而言，他们总觉得孩子还小，还需要他们"事事操心"，自己苦口婆心地说教都是为了孩子好，其实这是对自己和孩子的不自信，于是在父母和孩子之间经常会发生一些冲突。案例中小梅妈妈的唠叨，看起来是对孩子的关爱，实质上是不相信孩子。

日常生活中，有的家长是"命令式唠叨"，一遍遍地命令孩子干这干那，这种唠叨太过简单粗暴，除了让孩子产生反感情绪外，并不能解决实质问题。此外，还有"负能量式唠叨"，如"这么简单你都不会，白给你报兴趣班了""你有没有长眼睛呀，这个字也能写错?"……以及"毫无顾忌式唠叨"，如有的家长在众人面前抱怨孩子，暴露隐私，伤害孩子的自尊心。面对父母的唠叨，孩子起初是反感，当他们意识到自己实在无法摆脱父母的约束时，他们可能会采取逃避的态度，我行我素，对父母不

切合实际的要求不加理睬，案例中的小梅就是这样。

父母的唠叨，其实是对孩子身心发展的一种控制欲，是因对孩子的过高期待得不到实现的一种焦虑，也是父母利用自己的权威给孩子施加压力，以求孩子达到自己的意愿。过分关心式的唠叨会激起孩子强烈的逆反心理，让孩子觉得陷入无处可逃的境地，时间长了还会使孩子出现“选择性失聪”或产生“习惯性听觉模糊”等来保护自己，于是，家长在唠叨时可以观察到孩子走神或神游的情况，这种教育根本不起作用。心理学中有一种现象叫作“超限效应”，源于一则故事：作家马克·吐温在听牧师演讲时，一开始感觉讲得好，于是打算捐款，随着演讲的时间越来越长，他越来越不耐烦，于是从决定少捐一点到最终分文未捐，甚至因为过于气愤，还从募捐盘子里偷了 2 美元。这种由于刺激过多或作用时间过久而引起心理极不耐烦或逆反的现象，就是“超限效应”。[①] 由此可见，父母对孩子没完没了，不厌其烦，甚至是“苦口婆心”的强化教育，不但不能收到应有的教育效果，还会给孩子的成长带来很多负面效应，例如使孩子缺乏自信心和责任感以及独立意识，唯父母的要求是瞻，难以获得个性自由和全面发展。

策略与建议

父母要让孩子明白唠叨是父母爱他们的体现。作为父母，要懂自己的孩子，不把自己的烦心事施加给孩子，更不要一点

① 何亚兵. 避免“超限效应”[J]. 群众，2018(16)：61.

小事就唠叨不停，这样很容易使孩子增加烦恼而对这个家感到恐惧。静下心来，很多家长也知道唠叨不仅没效果，还会影响和孩子的有效沟通。那么，如何做到不唠叨呢？

(1) 批评不在于话多，要掌握说教的分寸。对孩子的过错，父母应坚持“犯一次错，只批评一次”的原则。如非要再次批评也必须换个角度、换种说法，而不要简单地重复。这样才会避免孩子产生什么都不在乎的消极表现，而孩子的厌烦或反抗的心理也会随之减低。父母对孩子的说教一定要掌握分寸和尺度，突出重点，该住口时就住口，挑选有分量的话讲一两遍就可以了，不要唠唠叨叨，没完没了。要就事论事，直接面对当下的问题，尽可能用简明的话语来表达，孩子忘记了什么事，适当提醒就可以；孩子做错了什么事，我们直接告诉他错在何处，不要啰里啰唆一大堆；同时有好几件事要说，就说最重要的事，其他的事情等这件事了结后再说。与其不停唠叨，让教育失去作用，不如及时闭嘴，多倾听，让孩子心情更愉悦，同时也可以让教育变得更高效。

(2) 走进孩子心里，择机而教。父母首先要相信孩子，尊重孩子，适当督促，少批评。相信孩子有上进心并能够自己管理好自己，父母只要适时适度地引导便可，响鼓无须重锤。特别是对于那些成绩不是特别理想的孩子，父母尤其要给予孩子信任和信心。孩子都希望自己的成绩是好的，有些孩子成绩上不去，心里也不好受，压抑烦躁的时候多么希望父母能说几句鼓励的话，以减轻心理压力。如果此时父母不理解孩子的心情，偏偏还要对着孩子一遍遍地唠叨，这不仅会招来孩子对父母的

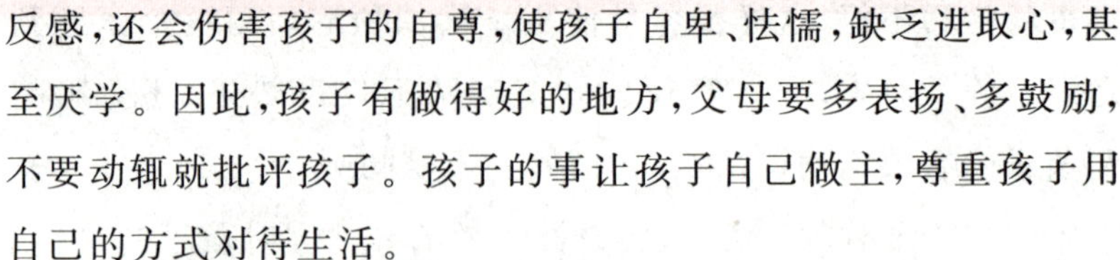

反感，还会伤害孩子的自尊，使孩子自卑、怯懦，缺乏进取心，甚至厌学。因此，孩子有做得好的地方，父母要多表扬、多鼓励，不要动辄就批评孩子。孩子的事让孩子自己做主，尊重孩子用自己的方式对待生活。

(3) 用激励代替唠叨。对于一些不是原则性的问题不用和孩子较真，比如觉得孩子大了该自己学会洗衣服，说好了可他不去做。你看着心里着急，于是开始唠叨，但你说多少遍他都不会听，洗衣服和玩游戏相比，肯定要去玩游戏而不是去洗衣服。但如果你这样说："儿子，你赶快去把那个衣服洗洗，洗完以后去看你喜欢的电影。"也许孩子很快就去把衣服洗了，人就是这样的，如果这个事对他有吸引力，还需要唠叨吗？所以，家长要以激励来说服，不用强行命令，也不需要事事叮嘱，多和孩子讲悄悄话。

(4) 适时放手。家长要从小培养孩子的自我管理能力，不要总是包办代替，要与孩子建立信任关系，让孩子管好自己，主动学习，主动做自己的事。

人生哲学

在家庭教育中，常常会出现"超限效应"，当孩子不听话，没有遵照妈妈的要求做事时，心烦意乱的妈妈便会反反复复地对孩子的某种行为作同样的批评，使孩子从不安到不耐烦再到反感讨厌。时间长了就会产生"我偏这样做"的反抗心理和行为。妈妈的唠叨，说白了就是对孩子的一些行为的不满意，前面我们讲过要接受孩子的不完美，如果父母能接纳孩子的小缺点，就会发现其实没什么大不了的，自己放轻松唠叨就会越来越少，同时，你也会发现孩子越来越喜欢自己，也愿意向自己敞开心扉。

在亲子交往中，适当的提醒是必要的，但切忌过于唠叨。当你确实想要唠叨时，你就在心里想想，说这些有用吗？如果是你，你愿意听别人不厌其烦的唠叨吗？换位思考一下，相信你就不会那么想要唠叨了！

从明天开始，做不唠叨的父母，做幸福的父母。

4. 做孩子的好朋友

对一个家庭来说，父母是根，孩子是花朵。父母常“看到”孩子的问题，却不知其实是自己的问题在孩子身上“开花”。

——苏霍姆林斯基

引入

我们都知道，孩子每天在学校被繁重的课业压着，如果回到家里还要面对父母不停地提要求和说教，他一定会感到无比压抑，一旦孩子的心门向家长关闭，父母就无从了解自己的孩子，这显然不是我们所希望的。

作为父母，我们需要静下心来想一想：我们是否会陪同孩子玩游戏；是否会和孩子偎依在一起说说悄悄话；是否会与孩子分享自己的过去和经验等。也许我们会觉得孩子还小，很多事理都不懂，没必要和孩子沟通，殊不知，越是这样，孩子与我们的隔阂越深。那么，父母该如何和孩子成为好朋友，让孩子在我们面前没有任何顾忌，诉说自己的心事，和我们成为无话不谈的好朋友呢？我们先来看一个案例。

案例[①]

柳传志对孩子的教育最重视的两点是：正直与融通。正直是柳传志父亲留给他的最大财宝，父亲告诉他要做一个正直的人，柳传志也将正直这两个字传授给了自己的孩子。对于“融通”，是柳传志自己70多年来的经验总结，他反复告诫子女：“要懂得融通，有理想但不理想化。”

董卿曾问过柳传志这么一个问题：“那么严格的一个父亲，跟孩子的关系怎么样呢？”柳传志笑了，说他跟孩子30％是朋友，30％是同学，40％是家长。他透露了一个秘诀，说如果要孩子听话，靠父对子的那种威严没有用的，必须学会跟孩子做朋友。

有一次，儿子上大学时学会了抽烟，孩子母亲没辙，就交代柳传志把孩子好好教训一顿。可是柳传志很反对，他觉得不能这么直接地批评儿子，因为撕破脸皮只能适得其反。于是他跑过去对儿子说：“你如果能把烟戒了，那我会高看你，觉得你了不起！”

---

① 憨爸.柳传志：和孩子做朋友[J].中华家教，2017(7)：58-59.

结果儿子真的为了赢得父亲的那份尊重，没几天就把烟给戒了，和孩子做朋友，教会他们正直和融通，这是柳传志46年以来的育儿心得，也是柳传志分享给我们这些父母最大的启发。

案例反思

孩子抽烟是困扰很多父母的一大难题，案例中的柳传志以朋友的身份轻而易举地让孩子把烟戒了。试想，如果做父亲的一本正经地把儿子叫到跟前，训斥他不该抽烟，孩子可能会和父亲顶嘴，父子俩会因此撕破脸，两人都下不了台。

确实，自古以来，父母和孩子之间以朋友的身份来交往不失为一种好办法，特别是当父母和孩子的关系紧张时，如果能以朋友的口吻进行交流，听取孩子的意见，心平气和地诉说自己的想法，紧张的关系就可以慢慢缓和。亲子关系中，父母和孩子之间也是相互影响的，当你在意孩子的感受时，孩子也会分外在意父母的想法，如果双方形成了朋友般融洽的相处模式，孩子和父母之间就会无话不说。

其实，父母是孩子心中的偶像，每个孩子都渴望得到父母的认可。如果父母能和孩子像朋友一样交流，亲子关系就会很和谐。例如，当孩子完成一个作品，兴冲冲地跑到父母这里要求点评时，孩子的目光里是充满殷切希望的，如果父母能理解孩子此时的心情，以一个朋友的角度去点评孩子哪些做得好，哪些还欠缺一些，这种交流肯定会让孩子认真接受，这种效果

也肯定比大声训斥要好上不止千万倍！

当然，我们还要像柳传志先生说的那样，“跟孩子30%是朋友，30%是同学，40%是家长。”也就是说，父母和孩子之间还应有一定的界限，因为很多时候孩子是需要父母引导和教育的，父母必须对孩子不适宜的行为进行批评，对他们不合理的要求说“不”，遇到原则性问题时，父母在考虑孩子感受的同时，态度一定要坚决。与孩子做朋友，并不代表要一味无原则地满足孩子的愿望和要求，不然，很难建立起一个正确的限制标准，还可能导致孩子不会因说大话、不遵守规矩而感到羞愧。如果将朋友的概念用过了头，成年人和孩子之间的界限会变得模糊不清，无形中还会助长孩子的霸气。

策略与建议

有多少父母，工作一天回到家，当被孩子兴奋地拉着他们干这干那时，却被他们因为累或心烦而拒绝了，用同理心体验一下孩子的感受，孩子当时有多难过。同样，孩子放学回到家，也不愿意一进门就被父母催着去做功课。作为父母，我们要这样和孩子成为好朋友。

(1) 用心去陪伴孩子，主动关心孩子。父母应经常问问孩子最近的生活、学习、心情情况，无条件地去爱孩子本来的样子，而不是去爱我们要求的样子。你想要把孩子培养成什么样，就要用你的行动去影响他，身教胜过言教，因为孩子的行为不是被言语说教而成的，而是被影响和模仿而成的。对孩子要鼓励多过指责、赞美多过批评，要善于从日常生活中发现问题，随时给孩子引导和指引，也可以告知孩子自己的过去和经验。如果孩子考试考砸了，可以告诉他“爸爸上学时有时也会考不好，但爸爸一直努力，关键是要学会寻找自己的不足并加以改正，爸爸喜欢进步的孩子”，这样不仅可以让孩子面对父母时不会感觉有压力，还乐于跟父母一起寻找他的不足，学习更努力、更用心。

（2）了解孩子的心声，学会蹲下来与孩子平等沟通。父母要把孩子作为平等的伙伴，与孩子一起玩儿，一起学习，并尊重孩子的一切。在和孩子沟通时，不要居高临下地指使孩子，强制打压只会带给孩子更强烈地叛逆和反抗。父母要禁用带有负面意义的话语，如“我数到三……否则……”“你最好赶快……”“我命令你……”“我警告你……”“限你在五秒钟内……”“你应该……”“你太让我失望了”“你真笨”“不可以……”等带有指挥、命令、警告、威胁、责备、谩骂、拒绝等负面意义的话语和语气。同时，在孩子面前要控制好自己的情绪，遇到事情先静一静，听听孩子的想法，和孩子一起心平气和地处理好每一个问题。

（3）为孩子创造一个和谐的家庭环境。这是最重要的，父母要给孩子一个温馨和谐的家，这样才能让孩子心里踏实，有安全感。父母要成为孩子生命中最好的朋友，最亲密的伙伴，最慈爱的爸爸（妈妈），千万不要让夫妻矛盾影响和伤害到孩子。有时孩子问的一些问题，鉴于他们年幼的年龄我们无法直接回答，但我们也要尊重自己的孩子，以一种合理的、孩子能够听得懂的方式作出回答。自己疲劳或者不快乐也可以和孩子说说，孩子有时也许能够给你一个意想不到的回答，让你眼前一亮。

人生哲学

教育子女没有简单的公式，也没有正确的方法，最佳的实用方法就是爱。看过一个笑话：两个小朋友在一起聊天，一个说："大人总说我们挑食，他们怎么不挑食呢？"另一个说："大人买东西的时候选的都是他们自己爱吃的，他们怎么会挑食呢？"小朋友说得不无道理，在很多时候，家长只顾自己的想法而忽略了孩子的选择权和支配权。

父母要成为孩子的良师益友，就要学会跟孩子换位思考，充分尊重孩子的表现，和自己的孩子一起成长，让家庭变成实现理想的跳板和躲避风浪的港湾，而不是只希望他们像提线木偶一样听话，一个不断接受爱和鼓励的孩子才会越来越坚强，才能真正在社会翱翔，实现他们的理想。如果父母遇到事情和孩子多商量，让孩子说出他的想法，并尊重他，孩子会觉得自己是受到尊重的，他在被尊重的同时也会更加尊重父母。

作为父母，如果你还没有和孩子建立起相互平等、相互尊重的朋友关系，不妨马上和你的孩子坐在一起，推心置腹地进行沟通和交流，把彼此的想法告诉对方，消除隔阂，化解代沟。

5. 鼓励孩子走向成功

鼓励表扬，在养育孩子的过程中，比任何方面都重要。孩子几乎所有不当行为的原因，都可以认为是缺乏适当的鼓励表

扬。一个行为不当的孩子，是一个没有受到鼓励的孩子，受到鼓励越多的孩子，行为和性格会越好越健康。

——阿尔弗雷德

引入

我们都知道，孩子是夸出来的，家长合适的鼓励，可以带给孩子勇气和自信，让孩子在面对生活中的困难时无所畏惧。但为什么有的鼓励总是不能恰如其分，根本就激发不起孩子的动力呢？有的鼓励甚至让孩子骄傲自满，经不起一点挫折。我们来看看下面这位家长是怎样鼓励孩子走向成功的。

案例

鼓励孩子走向成功①

有这样一则故事：一位母亲第一次参加家长会，幼儿园的老师说："你的儿子有多动症，在板凳上三分钟都坐不了。"回家的路上，儿子问妈妈，老师都说了些什么？她鼻子一酸，差点流下泪来。然而她还是告诉儿子："老师表扬你了，说宝宝原来在板凳上坐不了一分钟，现在能坐三分钟了。别的家长都非常羡慕妈妈，因为全班只有宝宝进步了。"那天晚上，她儿子破天荒地吃了两碗米饭，并且没让她喂。

① 张晓林．老师，请不要吝啬你的掌声[J]．下一代，2014(5)：21-22.

在第二次家长会上，老师说："全班50名同学，这次数学考试，你儿子排第49名。我怀疑他智力有些障碍，您最好能带他去医院查一查。"回去的路上，她流下了泪。然而，回到家里，看到诚惶诚恐的儿子，她又振作起精神说："老师对你充满信心。他说了，你并不是一个笨孩子，只要能细心些，会超过你的同桌。"说这话时，她发现，儿子暗淡的眼神一下子亮了起来。第二天上学，儿子比平时都要早。

孩子上了初中，又一次家长会。老师告诉她："按你儿子现在的成绩，考重点中学有点危险。"她怀着惊喜的心情走出校门，告诉儿子："班主任对你非常满意，他说了，只要你努力，考上重点中学没问题。"

高中毕业，儿子把一封印有名牌大学招生办公室的特快专递交到她的手里，边哭边说："妈妈，我知道我不是个聪明的孩子，是您的赞美和鼓励让我有了今天……"这时，她悲喜交加，再也按捺不住十几年来凝聚在心中的泪水，任它打湿了手中的信封……

案例反思

这个故事既让人感动又引人思索，就如教育专家一再强调的，家长要学会鼓励自己的孩子，哪怕天下所有的人都看不起你的孩子，做父母的也要眼含热泪地欣赏他、拥抱他、赞美他。每个孩子都是为了得到父母的赏识来到人间的，每一个成长中的孩子都渴望被父母肯定，被社会肯定。一句赞美可能会极大地鼓舞孩子，让他建立起自信。只要针对孩子的优点适当地夸奖他、肯定他，他必然会变得更好。换言之，你对孩子说什么样的话，孩子就会成为什么样的人！案例中这位母亲每次先赞赏孩子，再鼓励孩子，每次的激励目标在孩子现有基础上提高一点，让孩子觉得经过努力可以实现，这样也给了孩子自信，孩子就是在这位高情商的母亲的鼓励下，不断超越自我，最终取得了成功。

美国心理学家罗森塔尔考察某学校，随意抽出18名学生把名字写在一张纸上，交给校长，非常认真地说："这18名学生经过科学测定全都是智商型人才。"过了数月，罗森塔尔又来到该校，发现这18名学生果然超过一般学生，进步非常大，再后来这18名学生都在不同的岗位上做出了非凡的成绩。这就是大家所熟知的"皮革马利翁效应"。皮革马利翁效应给人的启示是：期待、信任和赞美具有一种力量，它可以转变人的行为，当一个人感受到另一个人的期待、信任时，他便感觉获得了支持，从而增强了自我价值，变得自信、自尊，获得一种积极向上的动力，并尽力达到对方的期待，以避免对方失望。①

古语云："数子十过，不如奖子一长。"有时，一个赞许的眼神就会给孩子带来莫大的鼓励，一个亲切的微笑就会扫去孩子所有的失落，给他重新面对挑战的勇气。当孩子听到别人对他的评价不再是"不听话"而是"很懂事"，不再是"乱吵闹"而是

---

① 吕芳平.心理效应在中学数学教学中的应用探讨[J].语数外学习(高中版),2012(17):55.

“很守纪律”时，他就会不自觉地用这些评价的标准来要求自己。

策略与建议

孩子需要被肯定，需要被鼓励，但家长要注意，对孩子赏识不是盲目地夸奖，流于形式的表扬，而应做到适时、适度，不能不加节制，一定要因人而异，有的放矢。

(1) 鼓励态度要认真。鼓励孩子的目的，是希望孩子能强化好的行为。因此，不要用“你真棒!”“你真聪敏!”“你是个好孩子!”等笼统的话语，而是要让孩子明白“他为什么棒?”“棒在哪里?”。家长要仔细地观察和揣摩孩子的心态、处境，选择时机有针对性地用“良言”温暖他、鼓励他。当孩子受窘时，说几句话为他解困；当孩子沮丧时，用热情的话予以鼓励；当孩子疑惑时，用智慧的语言给他提个醒；当孩子自卑时，点出他的“闪光点”，燃起他的信心。有时，一句简单的“孩子，你能行”，就会带给孩子莫大的自信，让孩子走出禁锢，走出孤独。

(2) 鼓励孩子时要用描述性语言，明确鼓励的行为。家长鼓励孩子时，要通过描述客观事实、具体细节以及自己的感受，例如，“玩具都收拾到箱子里了，房间很干净，我感觉很舒适，你做得真好!”这样才能让孩子清楚地知道自己的哪个行为受到了称赞，下次该怎么重复这个行为。遇到孩子好心办了错事时，也要及时鼓励，例如，当孩子端菜上桌不小心打翻了饭菜时，不要责怪孩子笨手笨脚，而是鼓励他，“谢谢你帮妈妈端菜，你都能端着菜走这么远了呢，真棒！不过，下次如果觉得太烫的时候，可以先放下来，过一会儿再端，这样就不会打翻了，记住了吗？”这样既鼓励了孩子，又教了孩子下次他该怎么做？

（3）孩子努力应该是为了自己，而不是为了取悦任何人。当孩子有好的表现时，父母最好说“爸妈真为你感到高兴”，而不是说“爸妈以你为荣”。例如，“你这次比赛得了第一名，爸爸妈妈发现是你平时很努力，才取得了这么好的成绩，爸爸妈妈很为你高兴。”

（4）鼓励孩子时，千万不要拿孩子跟别人做比较，而是要诚恳地指出孩子自身的进步。

人生哲学

一个孩子生活在鼓励之中，他就能学会自信；一个孩子生活在认可之中，他就能学会自爱。有时家长一个真诚的微笑，一句热情的表扬，都可以在孩子身上转化为无穷的动力。因此，家长一定要精心呵护每一颗美好而脆弱的心灵，当家长的爱注入孩子心田时，这份爱就会转化为孩子对知识和世界的热爱，从而促进孩子良性发展。

美国哈佛大学心理学家威廉·詹姆士通过研究发现，一个没有受到情感激励的人，仅能发挥其能力的20%～30%，而当他受到情感激励时，可以发挥其能力的80%～90%。也就是说，同样一个人，在经受充分的情感激励后，其所发挥的作用是激励前的 3～4 倍。[①] 父母对孩子的赏识和鼓励可以在亲子之间架起一座联结情感的桥梁，增加亲子关系的黏合度。孩子需要鼓励和赞美，家长要用智慧和爱心，多找孩子的闪光点，多给孩子掌声和喝彩，让每个孩子都找到好孩子的感觉，让他们自信地走上人生之路。如何给孩子成长的每一步以合理、恰当的评价，如何让孩子更健康地成长是家庭教育中一个迫在眉睫的问题。

6. 家长请管理好自己的情绪

如果你不能控制自己的情绪，如果你没有自我认识，如果你不能管理自己的负面情绪，如果你不能推己及人并拥有有效的人际关系，无论你多么聪明，都不可能走得很远。

——丹尼尔·戈尔曼《情商》

引入

2019 年 4 月 17 日，上海一高职学生跳桥事件引发大家热议，如果母亲能控制好自己的情绪，和孩子好好沟通，悲剧会发生吗？在现实生活中，不是所有的孩子都永远是温暖可爱的小天使，他们也有不听话、不懂事的时候，这时，生气是人之常情，甚至是人之本能。但是身为父母，也要学会管理自己的情绪。因为一时生气说出口的话，一时愤怒打下去的巴掌，最后都可

① 张会军. 初中数学教学的情感教育再探[J]. 学苑教育，2011(14)：92-93.

能让我们的孩子遍体鳞伤，甚至可能毁掉一个孩子。而这，肯定不是我们所想要的。我们来看一个案例。

案例

注意情绪[①]

孩子在做作业，遇到难题向妈妈求助，妈妈看了题目后，觉得非常简单，心想：这孩子肯定上课没专心听，这么简单的题目都不会。于是对孩子说："你自己再好好动动脑筋，这么简单的题都不会做。"孩子听完后，皱着眉头，手里把玩着笔，也不看题目地说："就是不会才问的呀？"

妈妈觉得孩子的懒劲儿又上来了，感觉有火气在内心游动，便严肃地对孩子说："你把题目再读一遍。"孩子不乐意了，嘴里哼哼唧唧地读。这时妈妈的火气一下子爆发了："你这孩子，上课不专心还那么懒，也不会自己动动脑筋，教你，你还不愿意学，不读题怎么会做题，看你以后能有啥出息？"

孩子也委屈地叫道："我不要你教了，以后我就是不会做，也不问你啦！"怒火中的妈妈抬手给了孩子一巴掌。妈妈的怒火同时也点燃了孩子的惊恐、委屈与愤怒，于是孩子放声大哭。坏情绪相互影响，把妈妈的怒火推到了极点，她抓起孩子的作业本，用力撕得粉碎；然后把纸屑碎片扔得满

① 云山中邨. 注意情绪[EB/OL]. http://www.360doc.com/content/17/0825/14/39682775_682037361.shtml,2018-08-19.

屋都是。孩子被吓呆了；妈妈也为自己的举动感到不可思议。

第二天，孩子红肿着双眼去上学，不会做的题目依然不会，而且不知如何向老师解释作业本的事。妈妈一夜没睡着，她后悔、迷茫，她不知道孩子怎么了，也不明白自己怎么了。

案例反思

曾经一名年轻妈妈辅导孩子写作业，一时动怒导致其脑血管堵塞引发脑卒中，其“现病史”写道：33岁的女患者，生气后出现言语不能，右手写字笨拙，左侧放射冠区脑梗死……陪孩子写作业如今成了困扰很多父母的难题。当前家长间流传盛广的一句话“玩耍时，母慈子孝，作业时，鸡飞狗跳”。衍生开讲，就是“情绪好时，母慈子孝，情绪不好时，鸡飞狗跳”。其实，人都会有情绪，包括正面的和负面的，但作为家长，在孩子面前我们要及时调整自己，管理好自己的情绪。

案例中的情境也许大家并不陌生，陪孩子写作业一直是家长情绪失控的重灾区。案例中的妈妈觉得题目简单但孩子却不会做时，火气在酝酿；妈妈认为原因是孩子不用心，上课没专心听讲，于是火气开始弥漫；妈妈发现孩子不会做还懒，不爱动脑筋，于是点火了；当妈妈想帮孩子弄懂难题时，孩子不但不配合还顶嘴，此时，爆发了……后果就是：题没有解决，作业本被撕烂，母子关系紧张，孩子不愿再问……这显然不是我们想要的。

美国社会心理学家费斯汀格有一个很出名的理论，被人们称为“费斯汀格法则”：生活中的10%是由发生在你身上的事情组成，而另外的90%则是由你对所发生的事情如何反应所决定。

费斯汀格在书中举了这样一个例子。卡斯丁早上起床后洗漱时，随手将自己的高档手表放在洗漱台边，妻子怕被水淋湿了，就随手拿过去放在餐桌上。儿子起床后到餐桌上拿面包时，不小心将手表碰到地上摔坏了。卡斯丁心疼手表，就照儿子的屁股揍了一顿，然后黑着脸骂了妻子一通。妻子不服气与之争吵。一气之下，卡斯丁早餐也没有吃，直接开车去了公司，快到公司时突然记起忘了拿公文包，又立刻返回家。可是此时家中没人。卡斯丁的钥匙留在公文包里，他进不了门，只好打电话向妻子要钥匙。妻子慌慌张张地往家赶时，撞翻了路边的水果摊。摊主拉住她不让她走，要她赔偿，她不得不赔了一笔钱才摆脱。待拿到公文包后，卡斯丁已迟到了15分钟，挨了上司一顿严厉批评。卡斯丁的心情坏到了极点。下班前又因一件小事，跟同事吵了一架。妻子也因早退被扣除当月全勤奖。儿子这天参加棒球赛，原本夺冠有望，却因心情不好发挥不佳，第一局就被淘汰了。在这个事例中，手表摔坏是其中的10%，后面引发的一系列事情就是另外的90%。都是由于当事人没有很好地掌控那90%，才导致了这一天成为“闹心的一天”。试想，卡斯丁在那10%产生后，假如换一种反应，比如，安慰儿子：“不要紧，手表摔坏了没事，我拿去修修就好了。”这样儿子高兴，妻子也高兴，他本身心情也好，那么随后的一切就不会发生了。可见，你控制不了前面的10%，但完全可以通过你的心态与行为决定剩余的90%。[①]

假如孩子遇到难题向家长请教时，家长拿过题目，仔细看看说："看来我们又遇到难题了，来，我们一起动脑筋，好不好？""孩子，你先看看这题目里是要求算什么呀？是算面积呢，还是算距离？""我们来看看，题中给出的条件是什么呢？"最后问孩子："现在知道怎么做了吗？"这样结合题目进行启发，让孩子认为家长是真心帮他。是不是就可以避免情绪失控呢？作为父母，当孩子学习需要我们帮助时，如果我们用指责的口气批评孩子，孩子一定会产生抵触情绪，结果事与愿违。

策略与建议

情绪管理能力不是情绪压制能力，或者情绪崩溃能力。这是一种高级能力，是指一个人觉察和表达自己情绪、感受、识别他人情绪，并依据某一目标，调控自己与他人的情绪反应的技巧和能力。[②] 在父母表现出良好情绪的时候，孩子的情绪也是欢愉和幸福的，他们能够从父母的情绪中体会到父母的爱意，从而与父母形成良好的亲子关系。可见，家长的情绪管理能力强，亲子关系融洽，那么家庭教育也能顺利开展。反之，如果家长的情绪管理能力较差，时常在孩子面前呈现坏脾气，将暴躁、

① 邵火焰. 费斯汀格法则[J]. 夕阳红，2016(9)：27.

② 赵琳. 情绪管理，是为人父母成长的第一课[J]. 莲池周刊，2019(37).

易怒、郁闷、伤感等不良情绪对孩子释放，就会严重影响孩子的身心健康。①

人的成长是一个不断自我反省、自我纠错的过程，没有人生来就是一个优秀的父母，更多的是父母和孩子一起成长。作为父母，我们如何管理自己的情绪呢？

（1）遇事要设法自己制怒。制怒有这样一个简单又可行的方法：在你就要爆发的时候，告诉自己“停！停！等会儿！”，然后握拳、深呼吸，它能让你的“火山”暂时停止喷发。这时，喝杯水或者洗把脸，在窗口透透气，告诉孩子：“我需要冷静一下！”等自己真的冷静了，再找一个合理的劝说方式。例如，“你不按时完成作业，我真的很难过，如果你能在半小时内把作业写好，妈妈会觉得很开心。”

（2）放松自己，保持好心情。现代社会，生活、工作压力大，导致人容易情绪失控。所以，我们需要适当减少孩子的课外辅导，放慢生活节奏。每周末给自己几小时放松的时间，读一本书或看一部电影，或者去咖啡馆，点上一杯咖啡发个呆，让自己适当独处，喘口气，放松一下心情，调整一下情绪。精神状态好了，心情就好了，心情好了也就能看到更多的包容和担当了，看什么也就更顺眼了。

（3）学会合理宣泄，及时调整心情。不管遇到什么事情，被老板骂也好，被朋友误解也罢，还是夫妻闹矛盾，都不要把负面情绪带到孩子面前。当遇到不开心的事情，有了消极情绪时，

① 朱永芳. 浅谈家长情绪管理能力对家庭教育影响[J]. 科学咨询，2019(43)：139.

你可以找家人、朋友甚至是陌生人倾诉，将不良情绪释放出来，心情自然就平静了。

对于孩子也是如此，孩子做错事、受了委屈后，父母不应该指责、埋怨和打骂，而是要理解、关爱和倾听，让孩子把内心的负面情绪倒出来。然后和孩子一起动脑筋、想办法解决问题，让孩子明白遇事动怒发脾气是无法解决问题的。

（4）做一个有涵养的人。父母在日常生活中要控制好情绪，以身作则地给孩子示范如何做一个有涵养的人。父母是孩子的榜样，平时的一言一行都被孩子看在眼里，也可能会模仿父母的一些行为，因此，作为父母，我们平时要多注意控制和调节自己的情绪，为孩子营造一个健康和谐的幸福家庭！

人生哲学

在现实生活中，常听人抱怨：我怎么就这么不走运呢，每天总有一些倒霉的事缠着我，怎么就不让我消停一下，有个好心情呢，谁能帮帮我？确实，作为父母，我们要应付各种事情：超负荷的工作量、频繁加班、没完没了的应酬等，平时大家常挂嘴边的就是“忙”和“累”。在这种高节奏、重压力的现代生活中，各种生理、心理问题也随之产生，现代人常觉得焦躁、烦闷、失眠、抑郁，更有甚者觉得生活无味、生命无意义。其实这是一个心态问题，能帮助自己的不是他人，而是自己。俗话说：“脾气人人有，拿出来是本能，压下去是本事。”一个真正聪敏的人，应该懂得如何克制自己的脾气，收起自己的情绪，把爱和包容的一面，展现给最亲近的人。

心理学家霍华·嘉纳说，一个人最后在社会上占据什么位置，绝大部分取决于非智力因素。而一个人幸福与否，基本也取决去非智力因素。一个能够管理好自己情绪的人，能够识别并理解他人的情绪予以合理反馈的人，必定拥有良好的人际关系与家庭关系。这样的人生，是幸福的，也是成功的。①

7. 帮助孩子疏导情绪

孩子的感受必须认真对待，即使情况本身并不严重。父母应该回应他们的感受，让他们知道父母了解他，懂得他的感受。

——海姆·G. 吉诺特

近年来，中小学生自杀事件我们时有耳闻。在痛心感叹之余，大家有没有想过，这些孩子为何如此脆弱，作为父母，我们该如何呵护这些“花朵”呢？

当孩子摔倒受伤时，我们都知道该清洗伤口，再包扎上。但是，当孩子情绪受伤时，我们往往就束手无策了。发现孩子情绪反常时，我们该如何反应？如何疏导呢？我们看看下面这个案例。

---

① 赵琳. 情绪管理，是为人父母成长的第一课[J]. 莲池周刊，2019(37).

案例[①]

小琴（化名）是个乖巧的女孩，一直很努力，愿意与父母交流，小提琴拉得很好。但不知道为什么孩子最近变得沉默了，对学习不再感兴趣，也不再拉小提琴。母亲软硬兼施，皆不奏效。无奈下，父母带着小琴找到心理咨询师，做了心理疏导后，小琴最终答应用下面这封信解开“心结”。原来，一切源于一次小提琴比赛，赛后妈妈的态度让小琴以为“妈妈在乎的是我的成绩，而不是我的快乐；她只要面子，我偏不给她”。

下面是小琴写给妈妈的信。

妈妈：

我的心情很复杂，我想首先对您说声对不起，那天我不应该摔琴谱，不应该对您大叫大嚷。我知道您心里难受，在我说“您从来不了解我也不会关心我”的时候……您一定在想这孩子怎么这么不懂事，不体谅做母亲的心。但是，您要知道，看着您当时的表情，我是多么伤心……

妈妈，那天的小提琴比赛，我已经尽力了，我觉得自己发挥得非常好，虽然只拿到第二名，但还是很开心，当我们兴高采烈地从领奖台上走下来的时候，您的脸色很阴沉。别的选手跟家长有说有笑，您却一言不发，我上前和您撒娇，

---

① 家长必读小学部分[EB/OL]. https://wenku.baidu.com/view/ef3ab10879563c1ec5da7186.html,2018-02-08.

您毫不理会，说拿个第二有什么可高兴的，还翘起尾巴来了。我很委屈，说我尽力了，而且拉得很用心。您却说我就知道强调理由，怎么不想想自己哪里还有不足，回家再练几遍。我已经和同学约好出去吃饭庆祝，我说想出去玩一会儿，为了比赛我已经好几个周末都没休息了。您说不行，就知道玩，你什么时候拉得像××同学那样优秀再出去玩。妈妈，难道您只在乎我的成绩吗？于是我就忍不住摔了手里的琴谱……

妈妈，我知道您是爱我的，可是您的爱让我觉得很辛苦，似乎只有在我成绩优秀能为您脸上增光的时候，您才对我满意。您总是说其他孩子身上的优点，别的家长夸奖我的时候您总是轻描淡写地来一句："凑合吧。"妈妈，我多么想听您夸奖我，多么想让您为我骄傲……

您总是忙忙碌碌，说自己操劳都是为了我，偶尔跟我聊天也不忘用大道理来告诉我能力是最重要的，一定要优秀才能在社会上立足。这些我都明白，已经快要倒背如流了，我想跟您聊聊学校里的事情和练琴的收获，您总是听一会儿就扯过话题讲那些大道理……所以我说您不关心我，您总觉得我不懂事，因为您从来没有听听我的想法……

对不起妈妈，我对您发脾气，但我不是存心要惹您生气，我只是让您知道我……请您原谅我，我真的很希望您能听我讲讲心里话……

不争气的女儿　小琴

案例反思

现实生活中这样的父母不在少数，他们往往只关注孩子的成绩，却不注意孩子的情绪，更没有去体会孩子的感受，倾听孩子的心声。当孩子在外面遇到不开心的事或受到不公平的待遇后，带着满腹的委屈、悲伤或是愤怒回到家时，得到的不是父母的安慰和理解，而是否定或斥责。从案例中可以看出，很多父母不懂得尊重孩子的情绪，当发现孩子的情绪不对时，不知道如何与孩子有效沟通，接纳他们的情绪并帮助他们疏导不良情绪。案例中，如果妈妈在女儿小提琴比赛获得第二名时，由衷地予以鼓励，并同意她和同学一起出去玩儿，孩子会很开心，今后学习也就更积极努力了。

我们通常会认为孩子还小，而忽略了他们的情绪和感受，替他们安排一切。例如，报各种辅导班，有的孩子也抗议，但通常会抗议无效，因为爸爸妈妈觉得他应该学，于是很多孩子就在这一次次的屈服中慢慢失去了自我。当今的中小学生，他们每天要面对校内、校外各种无尽的学习，如山的作业和题海，频繁的考试以及分数、成绩、月考的名次……他们每天除了吃饭睡觉外，就是不停地学习，就如一台学习的机器，没有时间和朋友谈心，没有师长抚慰，也没有生活的乐趣。对于这些心智发育还不够成熟的青少年来说，他们其实渴望得到的是父母真正的关心和对他们的肯定，而不是不断提高的学习目标。

案例中小琴写给妈妈的信反映了多数孩子的心声，也值得家长们反思，日常学习和生活中，我们是否考虑过孩子的感受，是否接纳并关注过他们的情绪。其实，孩子做的每一件事情，也许你认为不正确，但他有自己的情绪和理由，我们应该学会耐心地聆听孩子的想法，感同身受，理解并认同他的情绪，我们应该相信孩子会做出正确的选择。作为家长，我们无力改变当前的大环境，但可以想办法为孩子减压。我们关注孩子的情绪要胜过关心他的成绩，体谅孩子的心境与困难，在鼓励他们奋进的同时也告诉他们，如果你感觉累了，可以歇一歇，因为成功的路不止一条，让孩子知道自己有支撑，有退路，这样，他在任何情况下都能强大，不至于崩溃。

策略与建议

中小学生自杀事件频频发生已经引起了整个社会的重视。对于个个都是父母捧在手心里、含在口中成长的温室花朵来说，中小学生正处于心智尚未成熟的阶段，他们经历不了风雨和挫折。但人生之路不可能一帆风顺，在困难出现时，在孩子情绪不对时，如果家长给予及时正确的引导和关心，悲剧很可能会避免。那么，我们该如何帮助孩子疏导不良情绪呢？

(1) 接纳孩子的情绪并和孩子产生共情。例如，“被老师批评了，你心里一定很难过吧”“我理解你现在的感受”“我像你这么大的时候，也被老师批评过……”并从孩子的言语、行为和态度中去发现其真正的感受，让孩子的情绪在一种舒服的感觉中释放出来，感受到父母的理解和回应；接着，引导孩子说出事情的经过，“宝贝，发生了什么事？”让孩子从自身的角度来陈述事实，让他有机会说话，也可以让他在陈述的过程中对自己的行为进行再次评判，即便有错，他也会比较愿意认错；等孩子情绪缓和一点后，告诉孩子，他能把自己不开心的事拿出来与父母分享，父母真的很欣慰，这说明他已经长大了，知道如何正确处理自己的不良情绪了。接下来，请孩子自己思考解决的方法，并支持孩子选择的解决方法；最后，帮助孩子检视自己的判断。尤其是对于比较严重的问题，或当孩子表现出比较极端的情绪时，先让他把情绪平息下来，当他的头脑保持清醒时，再和他就这些问题做一些讨论，如“你从这次经历中吸取了什么教训？”“下一次遇到类似情况时，你可不可以用另外的办法来处理？你对你自己的态度有什么看法？”等。

（2）关注孩子的负面情绪。孩子可能由于各种原因，如被人欺负、自卑、自负、受到不公正待遇、遭遇失败和挫折、学习压力过重等，产生愤怒、恐惧、抑郁等消极情绪。家长需密切关注并有针对性地调适孩子的负面情绪，避免消极影响。例如，用一句“你今天一定很难受吧？”让孩子释放负面情绪，而不是一通批评或责备。家长平时要善于发现和把握孩子的优点，及时予以肯定和鼓励，这有助于他们克服自卑心理、虚荣心理、利己主义情感、不友善情感等。同时，帮助孩子学会用正确合理的方式来发泄自己的情绪，如告诉孩子“每个人都有伤心、难过、委屈的时候，这时候，你可以找爸爸妈妈或者朋友倾诉，也可以自己大哭一场，大吼几声，捶打枕头，或者玩一场电脑游戏，吃一些自己喜欢的零食，读一本自己喜欢的书，只要不伤害自己，不伤害别人，都是可以的。关键是一定要把这些不良情绪发泄出去，不要让它淤积在你的心里。如果所有的不良情绪都淤积在心中，总有一天会突然爆发，就会伤害自己或者伤害别人。”①

(3) 给孩子多一点有效陪伴，及时发现孩子情绪的变化。世界卫生组织的一项调查表明，童年没有父母陪伴的孩子，长大后都会出现性格孤僻，不够自信，害怕与人交往，缺少探索精神。在孩子的成长过程中，他的内心是孤独的，这份孤独需要父母的陪伴来消除，在陪伴中父母可以帮助孩子认识自己的情绪，并准确表达自己的情绪。因此，父母不管怎么忙，都要重视孩子的存在，留出一部分时间给孩子，陪他学习、陪他看电视、玩游戏，或者陪他聊聊天，听听他感兴趣的事，分享他的快乐和忧愁，关注他的情绪变化。让孩子觉得他在父母心目中是有一定地位的，让他感受到父母对他的关爱，内心充满幸福感，健康快乐地成长。

(4) 用爱增强亲子关系的黏合度。有些父母对孩子要求很高，孩子有一点小问题，他们都想通过责怪和批评的方式让孩子纠正，而且经常用“不爱”来威胁孩子，给孩子附带条件的爱，如“你不听话我就不喜欢你了”“你乖我才爱你”等。殊不知，类似这样的责怪和批评，会让孩子对父母产生一定的距离感，感觉什么都比他重要，怀疑父母是不是不喜欢他，导致亲子关系疏离。其实，人无完人，只要不是给孩子的性格带来很大影响的事情，我们无须太过严格要求，而要用爱让孩子觉得父母是他们的依靠，家是疗伤的港湾，促进亲子关系的黏合度，给孩子创造一个宽松健康的生活环境。

---

① 玫兰妮. 学会帮孩子疏导情绪[EB/OL]. https://www.jianshu.com/p/2c56d5747bc8,2017-02-08.

人生哲学

美国国家卫生研究院曾经发表过一篇报道，说明幼年时期的儿童，如果处在一个极端的压力环境之下，不仅会影响当时的身体健康，甚至会诱发将来一辈子的各种疾病。[①] 虽然这方面还有很多可研究的空间，但我们相信，在孩子成长的过程中，父母所扮演的角色，尤其在使孩子情绪稳定层面，绝对是非常重要的！所以千万别小看了身为父母的职责。想想看，孩子一辈子的身心健康，其实有很大一部分，是掌握在我们的手里！

家长要以良好的情绪在日常生活中关注和培养孩子愉快的情绪体验，进而培养孩子一种较持久稳定的积极情感。张弛有度，才能收放自如。如果我们能给孩子创造一个宽松自由自在的成长环境，为孩子安排适量的时间，让他们做自己喜欢的事情，如看电影、交朋友、做户外运动……同时，注重从小培养孩子良好的心理素质和敢于面对的精神，培养他们乐观开朗的性格，教会他们处理生活中的各种问题，培养他们不怕困难的勇气以及抗挫折的能力，那么，他们就会成长为乐观向上的人。

8. 给孩子自主选择的权利

凡是儿童能自己做的，应当让他自己做。

——陈鹤琴

---

① 童年情绪，会影响孩子一生的健康！[EB/OL]. http://www.sohu.com/a/58572933_115752,2017-02-08.

引入

在漫长的人生道路上，人们随时都面临着选择。选择正确，就能抓住机会，走向成功，稍一犹豫，机会就会与你擦肩而过。选择也是一种能力，这种能力需要从小培养。

对于大多数独生子女家庭，父母在生活上的过度照顾，使孩子没有机会插手家里的一切家务劳动，包括孩子房间的打扫、衣物的整理等。家长只要求孩子“好好学习，其他一切不用操心”；学习上不考虑孩子的兴趣，按自己的意愿或跟风随大流安排一系列课外补习班，帮孩子选择辅导书和课外书；人际交往上帮孩子处理与同学、朋友的关系，甚至强行规定孩子交往的同学、朋友等。做父母的，在对待孩子的问题上常常都认为“这是我该做的”，主观意识上为孩子做决定，但是很多时候结果却事与愿违。家长有没有想过，如果我们把选择的权利交给孩子，没准儿他们会做出让我们意想不到的成绩。但很多父母总担心孩子经验少，选择上会走弯路，或遭受挫折，其实，挫折往往和成就并存，让孩子感受一下自己的生活丰富多彩，未尝不可。我们先看一个案例。

案例[①]

学生袁某，高二文科班学生。初到班级感觉孩子乖巧、懂礼貌、乐于助人，热心班集体活动，很招人喜欢。但不久，

① 王新华. 做孩子成长的引导者，让孩子在自主选择中成长[EB/OL]. https://wenku.baidu.com/view/3b1534a1e2bd960591c67780.html,2017-02-08.

我就发现这个孩子上课走神，不完成作业，不能按时到校，为逃避惩处撒谎，借口参加学校活动不上自习。和孩子母亲交流，我问到孩子有什么爱好时，孩子母亲讲，孩子从小喜欢做手工，前几天为了给同学做生日礼物，一直做到凌晨两三点钟。孩子一直喜欢骑行，课余总想和同学一起骑自行车去玩；孩子喜欢打羽毛球，和同学一打起羽毛球，就会忘记回家的时间。我告诉家长，我感觉这孩子这些爱好都挺好的呀，孩子的母亲立马告诉我，她感觉孩子的这些爱好都不健康，和学习没有关系，她经常因为阻止孩子做这些“无聊”的事情而和孩子发生冲突。另外，孩子还喜欢养宠物狗，孩子愿意为养的宠物狗喂食、打扫卫生等，但母亲以不卫生和耽误学习为由，坚决不允许孩子养。高一第二学期假期，孩子想和同学一起出外旅游，孩子的母亲以和她一起出去旅游的同伴学习不够好，怕把她带坏，旅游路上不安全等为由拒绝了孩子的要求。那个假期，她把孩子送到西安的“新东方”学习了半个月文化课，孩子没有给她打过一次电话，这令她非常伤心。母亲说孩子从小是她一手带大的，对孩子的照顾无微不至，小时候怕孩子受委屈，只要孩子想要的，尽量满足，给孩子报各种兴趣班，培养孩子的爱好和特长。孩子上学了，为了不耽误学习，从来不让孩子干任何家务，现在这么大了，孩子的袜子、内衣还都是妈妈洗。孩子只要是学习上需要的投资，家里经济再紧张都从来没有犹豫过，只要有假期，就给孩子报补课班。尽量创造各种条件，让孩子和学有所成的优秀同学亲密接触，但孩子目前不爱学习，缺乏意志力，没有主见。孩子一听说上晚自习要写申请，如果违背了申请中的承诺，就要取消自习资格，就打退堂鼓，想放弃，类似的事情还很多。且亲子关系紧张，孩子与父亲因为一点矛盾不说话已经有一个多月了，孩子明确表示她人生中最大的愿望是尽早离开这个家。孩子的母亲给我讲了两个多小时意犹未尽，整个讲述过程中，孩子的母亲泪光闪闪，不明白自己为孩子付出这么多，为什么孩子现在越来越不懂事，为什么孩子这么憎恶自己的父母、自己的家。

案例反思

从案例中我们可以看出，这个妈妈就属于典型的“直升机”妈妈。“直升机父母”这个说法源自美国，指那些望子成龙、望女成凤，毕生都盘旋在孩子头上，事事包办，张罗孩子的一生的父母们。[①] 案例中的妈妈，就像“直升机”随时在孩子的上空盘旋，对孩子的生活、学习、交友等进行了全方位的干涉，并把她自己的想法强加给孩子，她认为孩子的兴趣爱好只要和学习无关的都是“无聊”，孩子的决定也因妈妈觉得幼稚或耽误学习而被拒绝和贬低，孩子反抗，妈妈也不以为然。已经读高二的孩子，对自己的生活几乎没有任何选择的权利，她的选择只有在符合父母的意愿下才有可能被同意。同时，父母将大量的金

① 郑杨. 小心别做直升机父母[J]. 健康博览，2014(1)：43-45.

钱、时间甚至全身心都投入孩子身上，不断要求孩子按照自己的意图来，使孩子的压力越来越大，这一切导致孩子不爱学习，缺乏意志力，没有主见，遇事容易退缩。可悲的是这位单边主义思维模式的妈妈还没有意识到问题出在哪里。

在日常生活中，这样的父母很多，他们以各种理由、各种手段“帮助”自己的孩子拿主意、定未来，按照自己的愿望设计孩子的将来，如上什么兴趣班、上什么学校、和什么人交往、大学选什么专业……这类父母为子女付出了很多，但子女却感觉自己很不快乐，父母根本不理解他们，不给他们选择的权利，也错失很多学习锻炼的机会。

孩子是独立的个体，应该给他们机会自己做决定，自己进行选择和决策，父母的过度照顾和过度保护，一方面剥夺了孩子锻炼的机会，使孩子缺乏生活自理能力、独立能力、活动能力，更缺乏解决问题的能力；另一方面容易让孩子形成依赖，使孩子在生活中没有目标、没有动力，这类孩子，由于被剥夺了选择的权利，缺乏应有的责任心，没有主见，也没有坚强的意志，长大后缺乏自觉性和自制能力，做事虎头蛇尾，不愿吃苦受累，见困难就退、就躲。

其实，对孩子过多地保护和照顾，对家长本身也有无形的危害。这类父母的生活重心就是孩子，他们把全部精力和关注点都放在孩子身上，等到有一天孩子长大了，有了自己的独立意识和自主空间，父母会感到非常失落，无所适从，严重者甚至表现为抑郁。

策略与建议

其实,孩子从懂事开始,就有了自己的思想,就渴望被理解、被尊重和被信任。那么,父母如何才能给孩子更多的自主空间,给孩子自己选择的权利呢?

在漫长的人生道路上,人们会遇到很多十字路口,随时都面临着选择。选择正确,就会抓住机会,走向成功,稍一犹豫,机会就会与你擦肩而过。选择也是一种能力。这种能力是需要从小培养的,因为选择是建立在对自己负责的基础之上。

(1) 给孩子一定的空间与自由。父母要了解孩子也是一个独立的个体,也是家庭中的一员,每个孩子都有自己的想法,父母在任何时候都要注意让孩子充分表达自己的意愿,给他自主思考的机会。要让孩子从小在自我选择的环境中成长,让孩子行使自己的权利,敢想、敢做、敢说,这样,他们才能体验到更丰富的人生,也将成长得更加茁壮。

(2) 让孩子自己做决定。只要不是原则性的问题或是危险的事情,父母都可以放手让孩子自己做决定,给孩子单独思考、学习和玩耍的机会,才能让孩子成长为一个独立的、有主见的人。在日常小事上尝试让孩子自己拿主意,比如带孩子去超市购物,可以问他自己想买什么;带孩子去旅行,让孩子决定带哪些东西,穿什么衣服,去哪里玩儿;等等。孩子面对小的选择去分析判断,处事能力才会随着年龄成长而增强,长大以后才有能力面对人生大事。

(3) 让孩子在体验中成长。当孩子还不能正确地决定一件事情,或者不知道该怎么做时,家长千万不要急着帮孩子做决定，让孩子自己去体验、比较，在几种结果中做出选择。这会让孩子更加明确一些事情，增强自信，而且有安全感。例如，在补习班的选择上，最好和孩子商量以后，让孩子决定。面对人际交往上的一些问题，家长可以帮孩子出主意，和孩子商量讨论，但不能替孩子行动，要让孩子自己去处理。

(4) 尊重孩子的选择，允许孩子犯错。给孩子选择的自由是父母必学的一项技巧，提供选择项是一门学问，还要让孩子承担一些不完美的后果，帮助他们明白，很多时候我们的选择并不都是十全十美的，我们需要不断地学习经验，不断地累积知识，提高判断能力，选择才会变得更加准确。当孩子自己拿主意时，家长要尊重孩子的选择，不要给予批评、指责等负面评价，允许孩子犯错误，给予孩子成长的空间。选择正确或者失败的经历都会成为孩子成长的一笔宝贵财富，丰富他的人生经验，为以后的道路提供参考。如果孩子总遭受家长的否定，久而久之，就会失去信心，不愿再提出自己的意见。独立就是孩子在一次次的选择、承担后果、纠正错误过程中习得的能力。

人生哲学

日常生活中，我们会让孩子自己选择鞋子、衣服的款式和颜色，当孩子的选择不令我们满意时，我们还是会干涉孩子的选择，或者诱导他选其他的，或者武断地由我们自己做选择。这说明，我们根本没有给孩子选择的权利，或者说只是给了他们选择的假权利。

每个孩子都有一对能够翱翔天际的翅膀。爱孩子，不是替他决定翅膀的形状与飞翔的高度，既然给了孩子选择权，就要尊重孩子的选择和最终的决定。让他去追求属于自己的梦想与人生。爱孩子，就应该给他选择的权利，让他在选择中长大。也许孩子的选择有些“愚蠢”，也许孩子的选择不是最佳的，但为人父母，如果不给孩子独立选择的锻炼机会，孩子又怎能学会做最明智的选择呢？

9. 别让父亲角色弱化或缺失

父亲对孩子的成长影响难以估量，父爱关系着孩子个性的成长，缺少父爱如同孩子成长中缺钙，对其健康成长十分不利。

——孙云晓

引入

近几年，《爸爸去哪儿》《爸爸回来了》等亲子节目的热播，让爸爸育儿的话题被持续讨论，也让更多的人认识到了爸爸对孩子成长的重要性。

受传统“男主外、女主内”思想的影响，目前在许多家庭中，爸爸似乎只需要负责家庭的经济责任，而教养孩子则只是妈妈的责任，以致在多数人的成长中，父亲一直是一个模糊的存在。在孩子们的印象中，有的父亲总是忙于各种应酬，早出晚归；有的父亲休息时，在家不是打游戏就是睡觉；有的父亲只有在孩子犯错时才出现，处理方式也是简单粗暴……有人调侃说：“这就叫‘父爱如山’，父亲就跟山一样，远远地待在那里，只是个存在。”我们来听听这个孩子的心声。

案例

爸爸，请您陪陪我[①]

人世间，人们常用表情来表达自己的喜怒哀乐，但我的爸爸却例外。

我的爸爸有一头乌亮的头发，炯炯有神的眼睛，一副满脸皱纹的面貌，从面貌上不难看出，他不经常用表情来表达自己的情感。

我的爸爸工作很忙碌，很少送我上、下学。早上，每当我踏进饭店，闻见炒菜的香味，看见其他家长带着自己的孩子来买早餐时，我多么希望自己的爸爸也能帮我买早餐。

晚上，学校门口围了许多家长，我在人群里找啊找，还是没看到爸爸，那时，我便盼望爸爸能来接我。

我的爸爸很勤快。每次佳节，我便看他早早地上了山，晌午才回来。那时，我多想对爸爸说："爸爸啊，您能不能放下手中的活儿，好好过节呀！"

过年时，大家发了工资，满世界地游玩，或者开心地坐在一起，吃一顿团圆饭，而我的爸爸却例外。每个人发工资都会很高兴，我的爸爸却一点笑容也没有，只是说："我发工资了，你们去买件新衣服。"

---

① 官盛露，爸爸，请你陪陪我[EB/OL]. http://www.10yan.com/2015/1211/263227.shtml 2020-09-19.

吃团圆饭时，我试图想引起爸爸的笑点，可不仅没有让爸爸笑，反而让爸爸更加沉默。

买新衣服时，我本以为爸爸会为我和姐姐挑选，可爸爸把我们送到车站说："你们自己去吧。"顿时，我就没心情买衣服了。

爸爸，这么多年，您一直辛苦挣钱，让我和姐姐过上好日子，常常没有让自己放松过。其实，我并不想锦衣玉食，我只希望您放下工作，陪陪我们，多笑笑，让自己真正过一天轻松的日子。

案例反思

这是一个小学五年级孩子写的一篇作文，也是一个渴望父亲陪伴的孩子的诉求和渴望。现实中，有很多父亲也像案例中的父亲一样，整天忙于工作，不苟言笑，认为挣钱养家是自己最大的责任，但却忽视了自己作为父亲的角色，导致亲子交往中，父亲角色的弱化或缺失。

只要稍加注意，我们不难发现，出席家长会的父亲，寥寥无几。学校门口接送孩子的家长，不是母亲就是老人。传统的家庭角色观念使一些父亲没有意识到自己的教育责任，只顾挣钱而无暇陪伴孩子的成长。其实，孩子的成长不仅需要母亲，也需要父亲，母亲培养孩子的亲密性，父亲则能培养孩子的独立性。

其实，我们所说的父亲角色的缺失，除了指物理上的缺失，还有情感上的缺失。很多家庭中，父亲虽然是存在的，但在家中和家人相处时却没有情感的融入，与孩子和家人的情感互动很少；还有的父亲不是不管，而是不懂得如何教育孩子，也不尊重孩子的人格。

事实上，从孩子四五岁形成性别意识开始，爸爸在孩子心目中的形象就变得高大、富有力量，爸爸说的话也比其他人管用，这时爸爸的认同和赞美尤其重要。一个男孩如果没有父亲的肯定和鼓励，或者总被父亲指责或数落，长大后就有可能成为父亲指责和数落的样子，甚至更糟糕；一个女孩如果和父亲的关系比较好，就会充满自信，觉得自己是可爱的。一个孩子只有在父母的爱里成长才会更健康，才会积极向上，一直跟着妈妈长大的男孩，性格中的柔性会更多一些。

策略与建议

心理学家麦克·闵尼指出：一天中，与父亲接触不少于 2 小时的孩子，比那些一周以内接触不到 6 小时的孩子，智商更高。① 更有趣的是，研究人员还发现，父亲对女孩子的影响力要大于对男孩子的影响力，与父亲密切相处的女儿数学成绩则更佳②。

那么，爸爸该如何陪伴自己的孩子呢？

---

① 上官木子. 父亲的魅力[J]. 小学生：心理成长，2005(B4)：20-21.

② 朱广力.《爸爸去哪儿》——你懂得怎么做爸爸吗？[EB/OL]. https://zhidao.baidu.com/daily/view?id=78140，2017-09-19.

(1) 爸爸每天要花一定的时间真正陪伴孩子。良好的亲子关系的建立需要长期的、一点一滴的积累，不能一蹴而就。因此，每天花一定的时间来陪伴孩子是至关重要的，而且“陪伴”不是简单地“陪着”，无论男孩还是女孩都需要高质量的亲子陪伴，需要爸爸与孩子全身心地待在一起，一起享受当下的活动。在陪伴中，可以有尽可能多的身体接触，如拥抱、击掌、抚摸等，爸爸可以和孩子一起运动、一起动手、一起体验冒险等。在陪伴过程中，要充分给孩子自由，让孩子感觉到愉快，感受到父爱，要陪孩子做他们喜欢做的事情，如玩玩具、做运动、做游戏、做家务、读书、看电影、外出旅游等，并在这些活动中培养孩子的各种能力。

(2) 妈妈要经常提供更多的正面信息来满足孩子对父亲的需求。现实中，很多爸爸真的很忙，抽不出时间陪伴孩子，这时就需要妈妈帮忙了。“孩子你真了不起，你和你爸爸一样聪明”“你和你爸爸一样讲义气”“你和你爸爸一样勇敢”，这些称赞孩子像爸爸的话，可以让孩子朝着好的信息的方向与爸爸链接，满足心中对父爱的渴望。

此外，爸爸不在孩子身边时，可以通过电话、视频或录像和孩子交流，让孩子感觉到爸爸的存在，让爸爸的味道一直陪伴着孩子。

人生哲学

日常生活中，大多数孩子与妈妈相处的时间远超爸爸——“丧偶式育儿”就是对当前家庭教育中父亲普遍缺失现象的描述。不少教育专家表示，父亲有很多教育和社会化的功能，他往往能给予孩子一种更为宽广的竞争性社会意识。在帮助孩子解决权威、道德品质发展、自我控制和成就感等方面的问题时，父亲是一个重要的角色，孩子的健康成长呼唤“爸爸”角色回归本位。

当父亲忙着挣钱给孩子买大房子时，却不知孩子需要的只是你的小小心房，不管你给他买了什么，都无法弥补缺失的陪伴和深深的孤独。忙完一周的周末，一家人春天踏青，夏天游泳，秋天郊游，冬天看雪，这其乐融融的相处时光，就是对孩子最温情、最有爱、最坚实的教育。

爸爸们，请拒绝一些生活中的应酬和饭局，多抽出时间来陪伴孩子，让他在辽阔宽大的父爱海洋里健康遨游。

10. 留守儿童的亲子交往

稚子牵衣问，归来何太迟。共谁争岁月，赢得鬓边丝。

——杜牧《归家》

通常，我们说的留守儿童是指父母双方或一方外出务工、经商或学习，而将孩子寄留家乡，由祖辈或其他亲友承担起监护教育责任的儿童。[①] 这里我们主要探讨的是农村留守儿童的

① 周雪艳. 学前儿童家庭与社区教育[M]. 上海：复旦大学出版社，2016.

家庭教育问题。

你在妈妈的护送下高兴地走进幼儿园，我却背着一捆柴火赤脚走在乡间的小路上；你在父母的陪伴下开心地骑着旋转木马，我却只能拿着树叶与一只山羊为伴；你抱着玩具幸福地坐在爸爸的汽车里，我却孤独地坐在爷爷的小背篓里……同样的年纪，奈何却是不一样的童年？公益广告《同年不童年》形象地反映了当今留守儿童的生存状况，也刺痛了万千观众的心。[①] 白岩松指出：中国有6000万留守儿童，在他们的成长过程中，大多数是缺少父爱或母爱的，一系列的悲剧都与此有关。[②]

那么，父母及抚养人该如何与留守儿童沟通和交往呢？我们先看一个案例。

案例[③]

6月9日晚，贵州省毕节市七星关区田坎乡的4名留守儿童在家中死亡。这4名儿童是一兄三妹，年纪最大的哥哥13岁，三个妹妹分别为9岁、8岁和5岁，这4个孩子无人照料，相依为命。经公安机关调查勘验和尸体检验，均系口服敌敌畏中毒死亡，排除他人所为。

---

① 王振亚.吹响关爱留守儿童的“集结号”[J].湖南教育，2016(7)：14-15.

② 白岩松.父母带给孩子的“不言之交”[J].现代妇女，2017(8)：43.

③ 白皓(本报记者)，裴江文(通讯员).贵州毕节4名儿童死亡事件调查[N].中国青年报，2015-6-12(05).

出事的4名儿童家庭并非特别贫穷，对于4兄妹的悲剧，当地许多村民归结为是孩子们严重缺乏父爱母爱的结果。

在村里人眼中，四兄妹都是相对内向、孤僻的性格，不爱与人交流，走在路上遇到长辈会打声招呼，但并不会有更多的交谈。村民们普遍反映，四兄妹前些年遭受过很严重的家庭暴力，导致“性格很孤僻”。因为张方其、任希芬夫妇在海南生活期间有打骂孩子的情况，长子张启刚曾被父亲责打手臂脱臼，耳朵被扯伤留有疤痕。2011年回乡后，夫妻感情恶化，时常吵架和打闹，男方曾将女方打伤住院。女方于2013年2月离家出走，随后男方时常外出打工，家庭日常事务主要由长子张启刚承担，包括照顾三个妹妹、饲养生猪等。在父母先后离家后，4个子女性情发生了变化，不愿与外界接触，经常闭门不出，甚至亲属也叫不开门，于2015年6月9日晚服农药死亡。

四兄妹的婊奶奶潘玲一口咬定，孩子们性格孤僻跟自卑心理有关，“爸爸妈妈要么都不在家，要么回家碰到一起就当着孩子的面吵架”。

四兄妹中哥哥的班主任杨小琴回忆，每逢3月和9月开学时节，张方其都会带着孩子来交费，从不拖欠，之后便出门打工，留下4个孩子独自在家。

潘玲回忆说，张方其最近一次回家是2015年春节的前几天，在家住了半个多月后，再次出门打工。孩子们的妈妈去年来看过孩子，但除了和邻居亲戚争吵、说说自己的新生活外，什么都没有留下。

4个孩子中，二妹和三妹最勤快，承担起了做饭的重任，在外人眼里，哥哥好像是四兄妹中的家长，曾经有村民看见，哥哥因为妹妹没有做饭而抽打妹妹的手掌。

“这些娃娃的心里话都跟哪个说呢？”潘玲说着泪水奔涌而出，“那么多话还没说，那么小，就走了，都走了……”事情发生后几天，孩子们的父母依旧音讯全无。（案例来自《中国青年报》，有改动）

案例反思

《2013年中国部分城市留守儿童心理健康现状调查报告》显示出了4个主要问题：①父母与孩子沟通信息存在单向性。近半数留守儿童不了解父母在外打工的情况，13.5%的孩子认为父母在外生活条件优越，比家里幸福。②父母在亲子沟通中处于被动地位。69.2%的留守儿童表示和父母保持联系的方式是，自己主动打电话给爸爸妈妈。③父母们开始关注孩子的情绪问题，但是在亲子沟通中谈话内容过于单调。④留守儿童对于自己生活的选择感到迷茫和无助。当问到“你愿意到爸爸妈妈打工的地方生活吗？”21.6%的孩子明确表示不愿意去父母打工的地方生活，其中，一部分孩子更愿意在家里生活，另一部分孩子觉得爸妈有点陌生，不习惯和他们生活在一起。19.8%的孩子表示自己对此心情矛盾，一部分孩子反映跟随打工的爸妈一起生活存在很多现实困难。①

案例中的悲剧，让我们深思，"贵州毕节四兄妹非正常死亡事件，反映出的依然是有关儿童保护老生常谈的问题，未成年人如何获得有效监护，如何避免出现无人监护照看的真空地带。"北京青少年法律援助与研究中心执行主任张雪梅在接受《中国青年报》记者采访时表示。② 确实，尽管四兄妹有生活来源，但却没有监护人在身边，家庭教育缺失，得不到家庭对他们的有效保护，缺乏父爱和母爱，而且之前的家庭教育简单粗暴，甚至存在家庭暴力，哥哥也因妹妹没有做饭抽打妹妹的手掌，孩子们性格内向、孤僻，有问题也不知向谁诉说。依照《中华人民共和国未成年人保护法》，父母因外出务工或者其他原因不能履行对未成年人监护职责的，应当委托有监护能力的其他成年人代为监护。显然，4 名儿童的父母没有履行法定监护义务。同时，父母在外平时也不同孩子们联系，根本不关心孩子的生活学习状况。

这让人忍不住想起电影《何以为家》中的赞恩，他面对自己的父母，异常冷静、面无表情地说道："我要起诉我的父母，因为他们生了我。"父母生了孩子，却不好好养育孩子，何以为人之父母？现实生活中，很多父母是为了孩子而外出打工谋生，但如果没安排好孩子，平时也不加强联系，有可能赚了钱却伤了

---

① 缪晨霞. 留守儿童觉得"爸妈有点陌生"[N]. 新京报，2013-06-03(D4).

② 王亦君. 谁在毕节四兄妹非正常死亡事件中缺位了[N]. 中国青年报，2015-06-12(05).

孩子的心，得不偿失。

策略与建议

杰出的教育家马卡连柯说过："你们自身的行为在教育上具有决定意义。……在你们生活的每一个瞬间，甚至当你们不在家的时候，都教育着儿童。你们怎么穿衣服，怎样跟别人谈话，怎样谈论其他的人，你们怎样表示欢迎和不快，怎样对待朋友和仇敌，怎样笑，怎样读报——所有这些对儿童都有很大的意义。"[①]因此，对于留守儿童，父母应做到以下几点。

(1) 父母要承担起自己的教养责任。留守儿童尤其渴望父母的陪伴，父母要有长远的眼光，不能只考虑眼前的经济利益，要破除"只要给孩子留下更多的钱，就是爱孩子，就是对孩子负责"的思想，树立孩子的教育和全面健康发展需要家长的精心呵护和深切关怀的健康理念。儿女的成长只有一次，与他们一起成长，是责任，也是幸福。所以，外出打工时有能力的父母应该尽量将孩子带在身边，就近入托或送入幼儿园，使孩子时刻体验到父母的关爱；如果做不到，至少要留一人在家照顾和教育孩子。在孩子的婴幼儿时期，最好有母亲与其生活在一起，以最大限度地保持家庭教育的存在和完整。如果母亲一定要外出打工，就选择离家近一点的地方，保证孩子能经常见到母亲，为孩子提供心理上的安全感和生活上的照顾与爱护。父母

① 秦琴. 父母是孩子最好的老师——对马卡连柯父母威信教育思想的几点浅见[J]. 考试周刊，2011(27).

是孩子的第一任老师，也是伴随他们一生的老师，这是他人无法取代的，父母要注意言传身教，做好孩子的榜样和示范。

（2）要慎重选择监护人。若父母双方都要外出打工，一时无法把孩子接到城市，要本着一切有益于孩子成长的原则，慎重为孩子选择监护人，外出前细致地安排好孩子的生活与学习。在确立监护人时，应减少随意性，尽可能考虑那些文化水平高，教育能力强，有责任心、有保护意识和时间精力的人。被委托监护人作为孩子的代理家长，要意识到自己的责任和义务。不仅照顾好留守儿童的生活起居，还要对孩子细心观察，经常谈心，发现问题及时教育和引导，并及时与幼儿园、孩子的父母交流沟通，共同探讨孩子的教育问题。选择高素质的监护人，可以大大降低儿童成长中出现问题的概率。在外工作的父母除了经常与孩子保持联系外，还要与孩子的监护人、幼儿园、学前班多沟通，掌握孩子的动态，及时了解孩子的生活、学习、心理状况，一起商讨孩子的教育问题。

（3）增强亲情关爱，满足孩子的心理需求。长期以来，留守儿童普遍表现为性格内向、不开朗、不自信、叛逆性强，这种性格上的缺陷与亲情缺失，心理上缺乏归宿感、安全感直接相关。因此，外出务工的家长要加强亲情关怀，满足留守儿童对亲情的心理饥渴。如果长时间不能回家，一定要多打电话或和孩子视频，随时了解孩子的情况，学习上有什么困难，生活上有什么变化，一定要记住孩子说的一些事情。同时，父母可以给孩子的老师和同伴打电话，从老师和同伴那里了解孩子的学习情况，了解孩子的心理，看看孩子需要怎样的关爱，也可以让老师和同伴多多关心孩子。对于留守儿童，父母尽量不要打骂，平时他们缺少关爱，心里比较敏感脆弱，父母更要尊重理解孩子，给予孩子更多的爱，让爱化解一切。

出外打工的父母节假日的时候要尽量回家陪伴孩子，在与孩子短暂的相处中减少应酬，多和孩子在一起。陪孩子游戏玩耍，在交流中不断关心孩子的衣食保暖，更要了解孩子的精神需求。可以有意识地和孩子聊一些学习之外的事情，可以让孩子讲讲在学校发生的有趣的事情或令他不开心的事情。同时，与孩子分享成败得失，用自己的经验激励孩子成长。如果可能的话，尽量和孩子一起过生日。让孩子知道父母对他的牵挂和浓浓的爱，如果被人关注和关爱，即使和父母暂时分离，孩子也不会感到孤单寂寞，而是充满幸福感，他们有了积极向上的原动力，就会自信开朗，做得更好。

人生哲学

留守儿童问题是中国改革和发展带来的一种特殊现象，是近年来一个突出的社会问题。现在地方政府、教育局对留守和流动儿童越来越关注，但父母的关爱终究是无人能替代的。

父母总觉得暂时的分离是为了子女有更好的将来，给他们创造更好的条件，却不知道孩子真正需要的是什么，孩子的成长不可等待、不可逆转，需要父母陪伴的就是那关键的几年，孩子的童年，一旦错过就永远不会重来，希望天下的父母不要做让自己后悔的事情。当年幼的孩子看着父母离开自己，体验到的不仅是疼痛，还有深深的恐惧，感觉自己处于一种生存受到威胁的境地，导致他们做出了各种在大人眼中不适当的行为来引起大人的注意。

当然，并不是所有的留守儿童都有问题，事实上，坚强乐观、自信懂事、天真活泼、爱玩爱闹也是大部分留守儿童真实生活的写照。

11. 流动儿童的亲子交往

妈妈你在哪儿，那儿就是最快乐的地方。

——英国谚语

引入

1998年国家教委、公安部发布的《流动儿童少年就学暂行办法》中，将6至14岁随父母或者其他监护人在流入地暂时居住半年以上的儿童称为流动儿童，现在也称随迁子女。2013年全国妇联发布的《我国农村留守儿童、城乡流动儿童状况研究报告》指出，流动未成年人有3600多万，这些城市中的流动儿童，偏居城市一隅，虽然生活在父母身边，但是真正相处却很少。父母平时要忙着做生意赚钱，以便给孩子提供更好的物质条件，希望他们能和城里孩子一样享受生活，却很少有时间跟孩子进行交流，对孩子成长过程中的心理变化都忽略了。对于大多数流动儿童来说，父母的陪伴就像奢侈品。

那么，父母该如何加强与随迁子女的沟通和交往呢？我们先看一个案例。

案例

一位朋友讲过一个真实的案例，她在浦东一中学任教时，遇到了流动儿童小西（化名），13岁，上初中一年级。当时学校安排她“一对一”帮助小西，但小西总是躲着她，只要看见她往教室走去，他就逃出教室。班主任告诉她，小西之前是留守儿童，2岁时父母就外出打工了，和父母没什么感情。现在是流动儿童，由于基础差，学习成绩不好，与同学关系也不好。他父母是做夜宵生意的，每天小西放学回到家，他们已经出门做生意了，要凌晨才能回到家，所以每天晚上小西都是一个人吃饭、做作业、睡觉，有时还要帮忙收拾一些菜。早上小西出门上学，父母还没起来，所以虽然住在同一屋檐下，他们也就周末能有时间见面，一般周末小西还要跟着父母去夜宵帮忙。她能感觉到，是小西心里深深的孤独，使他无法像其他孩子那样在学校融入课堂，正常参与同学们的交流。这么大的孩子学习自觉性不够，在家也没人督促辅导，小西因为成绩不好，被父亲狠狠打了好几次，父子间关系十分紧张，小西基本不与父亲交流，甚至都很少叫“爸爸”，虽然与母亲关系较融洽，但彼此交流也不多，小西很少主动跟母亲讲自己在学校发生的事，小西的性格内向、孤僻。她和班主任家访了几次，小西父亲对他的教育方式有所改变，她也和小西聊了几次，但“冰冻三尺，非一日之寒”，效果不明显。后来，由于工作调动，她离开了那所中学，也不知小西后来怎样了，她衷心地希望小西能适应上海的学习和生活。

案例反思

案例中的小西2岁时父母就外出务工了,0～6岁是人生行为习惯、性格形成的关键期,对孩子教育的黄金期被错过了。初中一年级,小西由留守儿童变成了流动儿童,虽然和父母生活在一起,但却很少见面,学习也没人管。父亲的打骂使得父子间关系很是紧张;小西与母亲关系虽然较融洽,但因为长期分离,没有建立起依恋关系,所以跟母亲交流也不多,导致亲情淡漠。小西入学后成绩不好,不适应新的环境,父母没能有效地提供帮助,也没有和孩子好好沟通,父亲只是一味地严厉管教,最终导致小西的性格内向、孤僻。

其实,现实中小西这样的孩子很多。流动儿童的父母大多从事劳动强度大,时间长的工作,整日忙于生计,平时几乎没有时间陪伴孩子,致使很多流动儿童虽然生活在父母身边,却感受不到父母陪伴的温暖;加上大多数流动父母文化水平普遍偏低,家庭教育意识淡薄,只能照顾孩子的生活,有的父母觉得孩子在身边,有吃、有穿、有玩就行了,多数父母无力辅导孩子学习。在教育孩子的过程中,他们教养方式简单粗暴,交流内容也相对单一,例如,有的家长就是简单地问问孩子的学习情况,无法关心到孩子品德、情感等其他各方面的发展情况,在意结果,不注重过程,使家庭教育基本处于真空状态;有的家长素质偏低,存在一些不良的思想和习惯,无形中给孩子带来不好的影响;大多数家长认为教育孩子是学校的责任,跟自己没有多大关系,没有关心孩子学习的意识;还有不少家长对孩子期望过高,对学业的要求也过高,只要孩子学习成绩稍有下降,就会遭到他们的打骂。很多流动儿童由于缺少父母的关爱及有效的教育和引导，缺乏安全感，容易在心理健康、性格等方面出现偏差，严重的则会导致心理畸形发展并在行为上表现出不同程度的越轨和失范现象。

但我们也应该看到，流动给儿童带来了教育环境和家庭经济状况的改善，这在很大程度上改变了流动儿童的知识、眼界乃至观念，从而提高其智力测验水平，促进儿童的认知和心理发展。研究表明，流动确实能在一定程度上促进儿童创造性思维的发展。虽然与流入地的本地儿童相比，流动儿童会有强烈的自卑感，缺乏自信心，但和农村的同伴相比，他们的自豪感又会高于自卑感，大多数流动儿童的自我认知比较积极。

策略与建议

当前，流动儿童普遍面临的问题是家庭教育缺失、亲子沟通不够、学习环境欠佳。因此，我们要从以下几个方面促进父母对流动儿童的关爱。

(1) 重视孩子的家庭教育。

① 家长要做孩子的榜样。身为家长，平时要以身作则，注意自己的言谈举止，尤其是孩子在场时，要杜绝一些不良的习惯和言行，以免带给孩子不好的影响。如果父母的生活有秩序、有规律，舍得为家庭付出，为孩子付出，可以让孩子感到家庭成员都有各自的责任，自己也要担负起属于自己的那一份责任，慢慢成长为有良好的生活习惯和富有责任感的人。

② 家长要提高自身教育素质。家长要及时与老师联系，了解孩子在学校的表现，通过学校老师的家庭教育指导和家长学校的学习，逐步摸索家庭教育的方法，对孩子多鼓励少批评，以增强孩子的自我效能感；家长即使没有能力指导孩子的学习，也可以陪着他一起学习，当然不是监视孩子，而是在陪孩子写作业的过程中，逐步培养孩子按时完成作业和自己检查作业的学习习惯；如果实在没有时间陪孩子，也可以通过电话或书信与孩子交流，让孩子觉得父母是关心他的，避免孩子在复杂多变的新环境中感到迷惑和孤独。

③ 为了让孩子尽快融入学校、社区，与别的孩子打成一片。父母可以利用周末或节假日带孩子去看看外面的世界，帮助孩子了解城市与农村在文化、生活环境、语言等方面的差异，拓宽孩子的眼界。另外，家长还可以通过与亲朋好友的联系、交往，为孩子提供广阔的社会交往空间，促进孩子社交能力的提高。

(2) 在沟通中促进家庭亲密度。

流动儿童最大的问题就是孤独和缺乏安全感，父母是孩子获得安全感的第一人，流动儿童的家长对孩子要多陪伴、勤沟通，避免孩子亲情淡漠，缺乏安全感。

① 要创造机会与孩子沟通。在孩子刚离开家乡来到异乡时，父母要从多方面了解孩子，与孩子沟通，关注孩子是否适应新环境、新学校，让他感受到来自父母的关爱。日常生活中，父母要常鼓励孩子，帮孩子树立乐观积极的心态，用真诚的心、积极的眼光去看待周围的事物，鼓励孩子不要害怕失败或被拒绝，多交新朋友，因为同伴关系有助于孩子的学校适应。父母

要尽力创造良好的家庭环境，让孩子感觉父母就是自己的朋友，孩子自然就会将“心”掏给父母，跟父母说心里的秘密。很多父母工作时间长且不固定，一些家务劳动就落在了流动儿童的身上。因此，父母可以在结束一天的工作后，与孩子一起做家务，比如一起烧晚饭，一起整理房间，这样在拉近亲子关系的同时，也能让儿童感受到来自父母的关爱。

② 要学会倾听孩子的心声。父母可以通过和孩子的交流，了解到孩子心里的真实想法，能够引导孩子树立正确的价值观，帮助孩子解决在学校遇到的问题。做父母的，千万不能因为工作原因而忽视了对孩子的情感表达，有问题时先听孩子解释，而不是劈头盖脸的一顿说教批评。通过沟通交流，可以潜移默化地给予孩子温暖的家庭教育，增加亲子之间的亲密度，让孩子拥有健康的心理，去面对外面世界发生的一切。这样就能适当减少流动儿童的自卑感与焦虑，也能够增加他们的自信，在与他人交流时更有勇气表达自己。

(3) 为孩子创造良好的学习环境。

① 要创造良好的家庭环境。在家庭中，父母就是孩子的榜样。父母首先要营造一个和谐的家庭氛围，避免在孩子面前争吵，做到尊老爱幼，邻里关爱；尽管流动儿童的家庭环境不是很好，但要尽量创造良好的家居环境，做到室内整洁、有序。

② 给孩子一个可以学习的空间。也许多数流动儿童家庭居住空间比较狭小，如果不能给孩子提供一个相对独立的学习空间，就请给孩子创造一个能安放一张书桌的空间，让孩子回家后有个地方可以学习。很多流动儿童的父母动手能力都很

强，他们可以和孩子一起设计一个学习的空间。

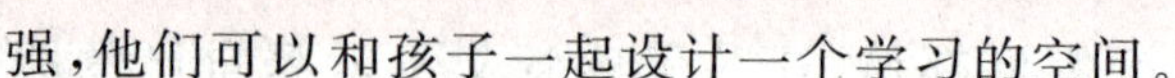

人生哲学

与留守儿童相比，流动儿童不仅能够生活在父母身边，时刻接受来自父母亲情的滋养与浸润，还来到了他们梦寐以求的城市就学，他们应该算是幸运的，也应该是幸福的。流动生活同时也教会孩子们独立生活的能力，许多流动儿童表现出果断、坚韧、独立自主、乐于助人的优良品质，他们在老师、同伴群体的帮助下快乐而健康地成长着，也有许多品学兼优的好孩子。但愿这一棵棵被移栽到城市里的小花小草，都能茁壮成长，散发出应有的芬芳。

二、相逢是首歌——同伴交往篇

同伴交往是指儿童或青少年与同一年龄阶段的伙伴之间的交往。孩子小的时候主要限于家庭小圈子与父母相互作用，把父母作为社会化的模式。随着孩子年龄的增长，认知能力增强，他们开始渴望走出家庭的圈子，与同龄的孩子交友、玩耍，通过同伴交往，孩子会将自己与同伴进行比较，发现自己的优点与不足，促进自我认知和自我评价交往。在与同伴交往中，他们学会了理解他人，学会了辨别是非，逐步学习掌握了社会道德规范和人际交往规范，还能促进孩子语言能力的发展，从而极大地促进了智力的发展。同伴交往也是儿童社会化进程中的一个重要因素。良好的同伴关系有利于儿童社会能力的培养，学业的顺利完成以及认知和人格的健康发展。

当前，许多孩子由于家庭教育或是内心认知的一些误区，不愿与人交往，缺乏交往技能。据调查，造成孩子人际交往问题的原因有以下几个方面。

(1) 孩子受父母的暗示和影响。有些父母本身就不善于与人交往，没什么朋友，平时很少与外界接触，亲戚之间几乎不走动，见了陌生人常常不知所措，孩子会从父母身上渐渐地习得这些行为习惯。有些父母喜欢给孩子贴标签，经常的批评导致孩子认为自己的人际交往能力很差，从而更加不愿与人交往。

(2) 父母过多干涉孩子的交往。有些父母认为，孩子只要把学习搞好就可以了，为了不让孩子劳神分心，他们经常限制孩子与他人来往；有些父母担心孩子会跟他人学坏，喜欢干涉孩子交友。

(3) 对孩子溺爱保护过度。有些父母对孩子过分溺爱，导致孩子养成了唯我独尊的习惯，不懂得尊重他人和关心他人，从而失去了许多交朋友的机会；有些父母把孩子关在家里，或者过多干预孩子与同伴的交往，使孩子缺少与人交往的锻炼，不知如何与同伴交往。

(4) 孩子缺少人际交往。电子游戏、电视、互联网等电子产品削弱和淡化了孩子与同伴交往的动机和欲望。孩子们的社会接触面是比较窄的，他们尤其缺少与同龄伙伴的交往，人际交往的经验严重不足，在人际交往方面存在许多问题，有的对家庭产生了过度的依恋，有的习惯于以自我为中心，从不理会他人感受，有的懦弱胆小，在与他人交往时十分紧张，有的不知道如何与别人交往，所以，交往的冲突和矛盾也就经常发生。

(5) 孩子缺乏交往技巧。许多孩子由于没有掌握有效的交流手段和方法，导致人际关系不好。比如，有的孩子不知道如何与别人协商合作，有的孩子不懂得礼貌用语，有的孩子不善于处理冲突和矛盾，有的孩子没有学会忍让，有的孩子不会主动与人交往，有的孩子不会识别他人的情绪，不懂得关心他人、帮助他人的重要性，即使在别人遇到困难需要援手的时候，他也会表现得无动于衷。

要培养孩子良好的伙伴交往能力，父母应做到以下几点：父母要做孩子良好交往的榜样；锤炼孩子良好交往的个性；传授交往的技巧；多鼓励孩子与同伴交往；修正不当交往行为。

下面我们就同伴交往中常见的几个问题进行探讨。

1. 宽容是建立真正友情的关键

人心不是靠武力征服，而是靠爱和宽容征服。

——斯宾诺莎

引入

有一所名牌大学针对中小学生做过一个问卷调查，其中有这样一道问题："当别人需要帮助，而那人正是你讨厌的人，那么你会给予他帮助吗?"这个问题的统计答案，表示愿意的小学生比例为59.8%、上初中的为41.7%，而上高中的只有37%。这样我们得出，愿意帮助别人的孩子随着年龄和知识的提升越来越少。调查过程中，还有这样一个问题："如果这个人曾经对你造成伤害，你会怎样对待他?"答案中选择原谅他的学生只有29.9%，而表示很难原谅和绝不原谅的占了近24%，剩下的学生表示就算原谅也不会遗忘。由此可知，很少孩子能做到主动宽容别人，他们都没意识到宽容也是人生中一个很重要的美德。①

独生子女时代，孩子都是家里的宝贝，有的父母受不了孩子被他人欺负，总会这么教孩子："别人打你，你就打他；别人对不起你，你就对不起他。"显然，这种错误的教育方法会影响孩子以后的人生观及处世态度。为了孩子能处理好同伴关系，也为了孩子将来的幸福打基础，父母要教孩子学会宽容，宽容是做人的一种风度和境界，是建立真正友情的关键。我们先看一个案例。

---

① 教孩子学会宽容[EB/OL]. https://baijiahao.baidu.com/s?id=1604232058433135189&wfr=spider&for=pc,2020-10-18.

案例[①]

一位翻译曾讲过这样一个故事：在泰国的一个度假村，那时我在那里担任中英文的翻译。有一天，我在大厅里，突然看见一位满脸歉意的工作人员，正在安慰一位大约4岁的西方小孩，受到惊吓的小孩已经哭得筋疲力尽了。

问明原因之后，我才知道，原来那天孩子较多，这位工作人员因一时疏忽，在儿童的网球课结束后，少算了一位，将这位小朋友留在了网球场。等她发现人数不对时，才赶快跑到网球场，将这位小朋友带回来。小孩因为一人在偏远的网球场，受到惊吓，哭得稀里哗啦。

这时，孩子的妈妈出现了，看着哭得惨兮兮的小孩，如果你是这位妈妈，你会怎么做？是痛骂那位工作人员一顿，还是直接向主管抗议，或是很生气地将小孩带离，再也不参加“儿童俱乐部”了？都不是！

我亲眼看见这位妈妈，蹲下来安慰4岁的小孩，并理性地告诉他：“已经没事了。那位姐姐因为找不到你而非常紧张难过。她不是故意的，现在你必须亲亲那位姐姐的脸颊，安慰她一下！”

只见那位4岁的小孩踮起脚尖，亲了亲蹲在他身旁的工作人员的脸颊，并且轻轻地告诉她：“不要害怕，已经没事了。”正是这样的教育，才培养出宽容、体贴的孩子。

---

① 赋予孩子一颗宽容的心[EB/OL]. http://www.yaolan.com/book/article2007_200872720453923.shtml,2020-10-18.

案例反思

案例中的妈妈就是这样教女儿学会宽容的，孩子受了惊吓，她没有痛骂责怪工作人员，也没有抗议，而是先安慰好孩子，再要求孩子安慰工作人员，孩子很愿意地照做了。这位妈妈教给了孩子要理解他人、尊重他人、宽容他人、不计较对方的过失，并主动为他人着想。

也许孩子并不一定马上就能理解这样的做法，但她按照妈妈的要求做了。在这种熏陶之下，孩子会慢慢领会其中的道理，然后发自内心地逐渐尝试这样去想、这样去做，并将从中受益。孩子对父母的信任使得家长的身教有着强大的说服力。

孩子在学校，同学之间常会有摩擦和矛盾。如果孩子能宽厚待人，心胸宽广，不锱铢必较，那么他就会少受很多负面情绪的干扰，不会被阴暗和愤怒笼罩！他的大脑就会腾出大量内存空间，用来学习、享受生活。比起那些热衷于拉帮结派、整日琢磨谁跟谁怎么样了的孩子，一个宽容的、“含糊”的孩子更聪明，也更有前途。

宽容的孩子做事不会采用极端的态度，因此受到父母的喜爱。成年之后，他们能够处理好各种人际关系，能够和团队合作、融洽相处，这一切都是宽容带给一个孩子的优势。

策略与建议

那么，作为父母，我们该怎样让孩子学会宽容呢？

（1）父母要做孩子的榜样。父母是孩子的第一任教师，首先夫妻之间要宽容相待。在孩子面前，父母不要只凭自己的眼光去大说特说他人，这样会让孩子养成挑剔的毛病。相反，父母应该找到他人的优点，大加赞扬，让孩子知道每个人都是有优点的，这样孩子就不会产生以自己为中心的思想，也就容易培养孩子宽容的心态了。即使父母对他人有偏见，如果在孩子的面前表现出来，会很容易让孩子也形成这种意识，偏激地看待一些人和事物。只有父母的心态端正了，逐渐去引导，孩子才会慢慢学会宽容他人。

（2）教会孩子平和的心态。所谓宽容，归根到底是对不同于自身甚至与自身观念、利益相冲突事物的宽容。父母要让孩子客观地悦纳自己与他人，接受自己的弱点，既能容忍自己的缺点，也能接受他人的弱点，允许他人的错误和不足；同时又要善于发现自己与他人的闪光点，爱自己也爱他人，相信自己也相信他人。另外，鼓励孩子参加一些多元化的活动，让孩子明白多元性、复杂性是世界的常态，让孩子从小就接触不同类型的人，学会同各色的人平等交往。

（3）让孩子学会善待他人。青少年往往把友情当作美好的、理想的和高尚的东西去追求，把朋友存在的微小缺点，看成是不符合自己的理想，不再交往而分手。日常生活中，你若能宽容对待做错事或者无理取闹的人，就能获得他人的信任和支持，他人也会友善待你。父母可以通过互换角色的方式来教孩子善待他人，不能让心中的不良想法影响孩子，让孩子学会为他人考虑，宽容他人。让孩子逐渐懂得与同伴交往和建立真正

友情的关键是宽容。如果我们太挑剔，太过于认真，恐怕就不会有谈得来的朋友。事实上，想要赢得更多的朋友，体会真正的生活快乐，就要学会善待他人。

人生哲学

生活中充满矛盾，同伴之间被误解、嫉妒和被背后议论等事情时有发生。如果我们“以牙还牙，以眼还眼”，进行报复，就会走向恶性循环，因为报复心理行为永远不会使伤口愈合，它只能加深双方的矛盾，久而久之，产生对立和仇视。反之，如果我们相信人的情感是可以诱导和感化的，人都是识好歹的，而宽容对方，互给台阶下，或自己想办法先下台阶，就能及时缓解矛盾，弥合裂痕，使交往有新的意义。这样提升人际关系，岂不更好？

其实，宽容是一种美德，它能促进人际关系的和谐。宽容他人，绝不意味着我们无能和软弱，恰恰相反，它需要极大的力量和勇气才能做到。宽容他人，既是为了他人，也是为了自己；我们在宽容他人，主动爱他人的过程中，自然也就宽容了自己和提高了自己的品位。

2. 让孩子学会换位思考

己所不欲，勿施于人。

——孔子

引入

大千世界，人与人相处和接触，有时难免会发生一些误会和摩擦。其实，如果学会换位思考，这些烦恼都可避免，社会将会更加和谐。假如在工作、学习和生活中，你被别人误解或者"冒犯"了，于是对此耿耿于怀，就会对他人产生意见和隔阂。如果不涉及原则性的问题，学会换位思考，替他人着想，一切误会都可以谅解和释然。换位思考就是站在另一方的角度，设身处地为他人着想，理解至上的思考和处理事情的方式，是人与人之间交往的基础，人与人之间常常换位思考，互相理解和信任，可以给自己减轻烦恼和痛苦，同时给对方减少麻烦。因为换位思考，就多了一份理解和原谅，就多了一份温暖和感动，就多了一份和谐和美好。唯有换位思考才能产生同理心，才能找到对方的需求，才能更好地理解他人并帮助他人，进而让自己的付出找到好的着力点。

案例①

以前的我，任性、骄横，从不会替他人着想，也许是因为这样，我的人缘很差，没人愿与我交朋友，可是，经过那件事后，我终于学会了换位思考。

---

① (初中写人作文)以前的我[EB/OL]. https://wenku.baidu.com/view/c7843dc25e0e7cd184254b35eefdc8d377ee143b.html,2020-10-18.

记得那是一个昏暗的日子，我在外婆家玩。“咕咕咕”，哎哟，肚子饿了，“外婆，帮我煮碗饺子！”我对正在扫地的外婆说。“哦，好呀！”外婆笑着缓缓地走进厨房。不久，她就端着一碗饺子出来。“哎呀，你端出来干什么，放到里面的桌子上去！”我也不知怎么了，心中突然升起一股怒气，走进屋里坐下。外婆一手支撑着患有风湿病的腰，一手端着碗走了进来。“那我出去了。”外婆语气还是那么平和。“去吧，去吧！”我不耐烦地说。端起碗吃了起来，咦，好淡呀！我走进厨房想放盐，找了半天，也没找着。“外婆，盐在哪里？”我大声向门外喊。等了会儿，没有动静。我又叫道：“外婆，你进来一下！”“你出来吧！”许久，外婆就这么回答了一声。哼，连盐都不肯为我放，什么意思呀！我按捺不住心中的怨气，气冲冲地走上楼。不管她了！我这样想着，也没有再下去吃饺子。

到了吃晚饭的时候，我下楼，外婆在烧饭。她也像中了邪似的，不理会我。过了会儿，听她小声嘀咕：“早就听说脾气不好，没想到这么差！枉我一向这么疼她，真是瞎了眼了。”我愤愤不平地说：“你脾气好，好也不愿意来帮我加点盐！”“我耳朵不好，又没听见。”外婆与我争论起来。“我叫你进来，你为什么不进来？”我越发生气了。“我刚扫好地，又要帮你煮饺子。你又不是不知道我腰不好，当然要休息了。”外婆道出了自己的苦衷。听罢，我的内心早已波澜不平了：照外婆这么说，整件事都是我错了，外婆又不会骗人。

我一向骄傲野蛮，怪不得朋友们一个个都离我而去了。许多事实际上都是由于我的任性而产生的不可弥补的过错，不是吗？

我恍然大悟了，真正要改的是我从不替他人着想！我充满歉意地对外婆说："外婆，是我错了，请你原谅我！"外婆俏皮地刮了刮我的鼻子，笑了。

案例反思

生活中我们经常遇到这类孩子，因为"独"惯了，以自我为中心，在与他人交往的过程中难免会表现得过于强调自己，不在意他人的感受，甚至表现出"以小人之心度君子之腹"，鲁莽，自高自大等，这类孩子不容易与他人相处，将来的发展也有可能受到限制。案例中的"我"之前就是这样的一个孩子，是外婆的话让她有所领悟，意识到凡事不能只顾自己，要学会替他人着想，学会换位思考。

在现实生活中，人们都是从具体角度考虑问题的。由于长期习惯于从自己的角度出发来看待自己和他人的行为，认识就带有不同程度的片面性。例如，在商场，顾客认为营业员都不尽职尽责，营业员却觉得顾客总是找麻烦；你开车时，讨厌行人，你走路时，讨厌车等，这就是因为角色不同人际关系总是发生冲突，不能相互理解造成的交际障碍。

人是有情感的，交往中需要他人的理解，也需要理解他人。换位思考，就是换一种角度或换一种立场来看问题。从他人的

眼里看世界，你就可以发现新问题和新思路，使原本疑惑不解的问题迎刃而解，同时还可以产生同理心，克服自我中心主义或先入为主的种种偏见，打破旧的思维框架或心理定式，以超越自我的态度，客观地审视和分析问题。不会换位思考的人只会看到他人的不对，以这样的心态去和他人相处，自然认为他人是在“挑错”和“找茬”，如果当误会出现时常常进行换位思考，考虑对方的感受和需求，就会收到意想不到的效果。

策略与建议

学会换位思考，是人际交往的“润滑剂”，也是一种高尚的道德品质和精神境界。《庄子·天下》中有句名言：“常宽容於物，不削於人，可谓至极。”意思是说人对待任何事情都要宽恕容忍，不与人斤斤计较，这是乐观向上的人生态度，是一个人赢得事业成功的关键所在。如果父母想想自己和孩子一样年龄时，遇到事情的心情，就能理解孩子的心事，有事就会和孩子商量，如果孩子也换位想一想父母把自己养大有多不容易，就容易体谅父母的苦衷，理解父母的教导。孩子学会了换位思考，同伴交往就不会有问题。那么，我们如何帮孩子学会换位思考呢？

(1) 换位思考要求将心比心，设身处地。这是达成理解不可缺少的部分，它要求我们站在对方的立场上思考问题，从而与对方在情感上得到沟通，它既是一种理解，也是一种关爱。人们常说“要以责人之心责己，要以宽己之心宽人”，在遇到不顺心事的时候，不要去埋怨，不要去指责，换个角度，换个思路，你会发现，世界大不一样。在现实生活中，我们如果遇事都能够学会换位思考，你会发现烦恼似乎没那么多，心情也随之变好，随着教训和经验总结的增加，成长进步当然也会越来越快。

(2) 换位思考需要换一角度为他人着想。在生活中，当我们面对某一问题时，如果仅仅从自己的利益得失去考虑，而置他人于不顾，往往会失之偏颇，甚至伤害他人。如果换一角度为他人着想，原本的问题就变得豁然开朗。为他人着想，本身就是一种修养，是一种素质，更是一种睿智的体现。一个人如果不心生嫉妒，不“以小人之心度君子之腹”，以心善为本，他就能从多方面思考问题，包括为他人着想。

(3) 让孩子学会换位思考，家长首先要做到换位思考。日常生活中，家长可以和孩子互换角色，交换从不同的角度来看问题和解决问题的方案，为孩子营造一个换位思考的家庭环境，让换位思考潜移默化地植根于孩子的心底。

人生哲学

换位思考，就是互换位置，既是一种将心比心的相互解读，又是一种拉近距离的真情关爱。

你是你，我是我，你不是我，我不是你，但你把我当成你，我把你当成我，这样就是换了位再思考……众所周知的“以病人为中心”“以消费者为中心”“以学生为中心”都是呼吁换位思考在交往中的具体体现。孔子所说的“己欲立而立人，己欲达而达人”；孟子在论及仁政时所说的“老吾老，以及人之老；幼吾幼,以及人之幼"都包含着以己度人、推己及人、将心比心之类的换位思考方法。

"赠人玫瑰,手有余香。"人活在世上,不要只为自己着想,不要只图一时之快而去伤害别人;不光要有索取,还要有爱心,社会才会变得温馨和美,人与人之间才会温暖如春!

3. 诚信是交朋友的基石

诚身有道:不明乎善,不诚乎身矣。

——孟子

人而无信,不知其可也。

——孔子

引入

诚信之诚是诚心诚意;诚信之信是信守承诺。诚信作为一种价值追求,要求人们做到真诚无伪,内心坦荡,说老实话、办老实事、做老实人。诚信是人的安身立业之本,是修身之要,也是一切事业得以成功的根本保证。

诚信是人与人交往必须坚守的基本原则,只有以诚相待,以信相交,才能建立长久的友谊,人们常说:"诚信是金。"其实诚信比金钱还要重要,钱可以努力挣到,但一个人如果失信,就失去了朋友,在社会上也会没有立足之地。因此,父母对孩子一定要进行诚信教育,诚信是交朋友的基石。我们先看一个案例。

案例①

周四上午放学后，英语老师打电话让我去她办公室。一走进办公室，我就看见玮玥拿着一张纸条在打电话。经过询问得知：周一英语课默写了课文，不合格的同学课间都到老师办公室重默了，而玮玥却一直拖延着不去。周四老师再次提醒玮玥中午放学到办公室重默。玮玥默写时，偷看一张提前准备的作弊纸。英语老师发现了，要收走作弊纸，但玮玥却激动地和老师抢。英语老师感觉孩子的反应不寻常，想要联系玮玥的父母。可是，玮玥说她的父母出国了，给了英语老师一个电话号码，让老师电话联系。最后，我发现这是一个假的电话号码，之后我们提出要去家访，玮玥又不断地编造虚假的住址和家庭信息。后来得知，玮玥的父母对她要求很高也很严，达不到要求就会遭到打骂。

案例反思

从案例中可以看出，玮玥英语默写作弊是想取得好成绩，想得到父母的表扬，但却怕吃苦，不想付出努力；玮玥的撒谎则是想逃避父母的批评责罚，如果父母对孩子要求过于严格，当他们犯了错误时会批评责罚，孩子会害怕自己犯错误被批评责罚，这种恐惧的心理会迫使他们用说谎来逃避。这次事件就是

① 黄洁仪. 中学生诚信教育案例分析及对策[J]. 师道(教研)，2019(8)：246.

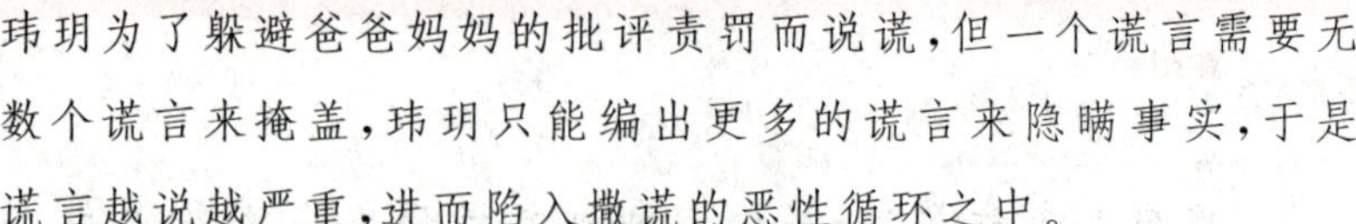

玮玥为了躲避爸爸妈妈的批评责罚而说谎，但一个谎言需要无数个谎言来掩盖，玮玥只能编出更多的谎言来隐瞒事实，于是谎言越说越严重，进而陷入撒谎的恶性循环之中。

遇到玮玥这种情况，父母该怎么办呢？父母首先要探究孩子出现这种行为背后的真实原因，引导孩子做个诚实守信的人，帮助玮玥意识到撒谎给她带来的严重后果。同时，父母要改变家庭教育方式。玮玥的父母对孩子的期望过高，而教育方式简单，常用打骂方式责罚孩子，导致孩子为了逃避责罚而说谎。父母应该尊重孩子，多和孩子沟通交流，读懂孩子，而不是只对孩子提出过高的要求，也不考虑孩子的实际情况，有问题就责罚、打骂孩子。父母要从孩子的"谎言"中读懂孩子想要表达的真实想法，帮助孩子解决问题。此外，父母应该和老师经常沟通，玮玥的谎言能蒙混过关，就是钻了父母和老师沟通不及时的空子，她尝到了说谎的甜头，逐渐形成了说谎的习惯。父母要和老师一起督促玮玥不再说谎，通过一些具体的事情，让她体验诚信的重要性，获得讲诚信的快乐，做一个诚实守信的孩子。

孩子的问题大多是父母的问题，父母要学习科学的家庭教育方式。

策略与建议

中学生正处在世界观、人生观和价值观形成的关键时期，而这又是很容易受外界影响的时期，他们会把从社会上看到的、听到的一些不诚信的现象投射到自己的言行中。作为家

长，该怎样教育孩子诚实守信呢？

（1）要关心、理解孩子，与他交朋友。只有和孩子成为朋友，你才能了解孩子的内心感受，洞察她说谎的真实想法，对症下药，帮助其克服困难。对于一些非原则的问题，父母以朋友的语气和态度与孩子交流的效果肯定胜过以家长的身份强迫孩子服从的效果。当父母发现孩子有说谎的迹象时，首先要给孩子留面子，不要当着其他人的面直接揭穿他的说谎行为，应当选择没有其他人在场的时候进行交谈；其次，要给孩子留机会，不要一开始就揭穿整件事，而应把自己当作未知者，给孩子陈述理由或申辩的机会，即使是恶意的谎言，父母也要在友善、宽容的前提下，想办法帮助孩子改掉恶习，并让他感受讲诚信所带来的快乐。

（2）要帮孩子树立诚信观。“交朋友要讲诚信，无诚则无信，无信则无友”，这是朋友交得久的关键。可以引经据典，用例子和故事说明讲诚信的重要意义，如立木为信、曾子杀猪的典故等，使孩子明白：友谊是可以长久的，但如果屡屡失信于人，就会如同《伊索寓言》中喊“狼来了”的孩子一样，待到狼真的来了，也不会有人去救那个孩子。引导孩子用诚信维护友谊，做一个一诺千金的人。

（3）父母应该做孩子的榜样。在培养孩子诚信品质的过程中，父母首先应该言而有信，答应孩子的事一定要做到，不要借故不兑现；当然，父母也应该慎重承诺，同时要学会适度许诺。不要为了培养孩子的诚信观念，一味地满足孩子的物质需求，以免时间长了让孩子变得功利，不利于其长期的发展。父母在与孩子相处时，应重视与孩子之间的约定，让孩子在日常生活中学会诚信，平时注意及时纠正孩子的不良行为，主要是帮助孩子克服撒谎、任性的毛病。

人生哲学

诚信是中华民族的传统美德，是人的基本品质，不仅是一种品行，更是一种责任；不仅是一种道义，更是一种准则；不仅是一种声誉，更是一种资源。诚信不仅是一个人立身的根本，也是一个社会良性运转必不可少的基石。诚信美德的养成是一个长期的过程，不可能一蹴而就。面对这个形形色色、瞬息万变的世界，我们应该让诚信教育的内容渗透于生活，形成一种具有辐射力的环境，让孩子浸润其中，从自己做起，从身边做起，从小事做起，通过真实的感受、领悟和提升，自觉成为一个诚实守信的人。

诚信就像一棵树，需要在生活的土壤中生长，灿烂的阳光、清新的雨露和充足的养分，一样都不能少。诚信教育是一项社会工程，除了家长、教师的努力之外，还需要社会各界的大力协助及孩子自身的积极配合。建设诚信社会是我们义不容辞的责任，所以让我们一起加油努力，为诚信喝彩点赞。

4. 教孩子学会自己处理冲突

教育中应该尽量鼓励个人发展的过程。——应该引导儿童自己进行探讨，自己去推论。给他们讲的应该尽量少些，而引导他们去发现的应该尽量多些。

——斯宾塞

引入

《父与子》中有一幅漫画：两个孩子不知道因为什么扭打在一起，两个爸爸闻声赶来，把孩子拉开。当爸爸又争得面红耳赤，大打出手时，两个孩子却跟没事人一样又在一起高高兴兴地玩上了。孩子间的各种各样的冲突在所难免，在他们还小的时候，家长或老师都习惯帮助孩子来处理，但是随着孩子年龄的增长，冲突可能会发生在家长和老师都够不着的其他地方，这时我们要让孩子学会自己处理冲突才是最重要的。我们先看一个案例。

案例①

在一次聚会上，龙龙争抢阳阳弟弟的玩具，小两岁的阳阳哭了起来，龙龙妈妈觉得这是兄弟俩的事情，应该让他们自己解决，于是不加理会。阳阳妈妈一听孩子哭了，连忙上前询问，让龙龙归还玩具，龙龙倔脾气上来了，执意不还。这时，阳阳突然猛地推了龙龙一把，龙龙一时没有反应过来摔倒在地，阳阳瞬时抢回玩具。龙龙妈妈依旧保持观战的态度，龙龙见阳阳有人安慰，委屈得哭了起来，一时之间两个孩子的哭声此起彼伏，聚会的气氛变得很尴尬。

① 李云霞.家长该如何面对孩子间的冲突[J].中华家教，2019(C1)：42-43.

案例反思

案例中的情景我们在日常生活中并不少见，每次大人们聚会，孩子们在一起玩要时很容易产生矛盾和冲突，最常见的就是因为抢玩具而引起的吵闹。父母和老师往往习惯于介入孩子之间去帮他们解决矛盾，久而久之，孩子就会养成很强的依赖性，比如，有了矛盾，妈妈或老师一定会帮我解决的，只要我去告诉妈妈或老师就可以了。确实，老师和父母的及时介入能立即解决孩子们的矛盾，但孩子们却因此失去了可贵的学习和发展机会，少了解决问题的经验积累。

案例中，龙龙妈妈做得很好，她一直以旁观者的身份旁观孩子们的一举一动，没有介入孩子们的争夺，帮助他们解决冲突，如果阳阳妈妈保持不介入，孩子们也许自己能和平解决，比如龙龙看阳阳哭了，也许就慌了，于是就和阳阳一起玩玩具了。因此，我们是否该进行反思，孩子有他自己的想法，我们应该学会放手，在发生问题时，老师或父母不妨以观察者的身份多一分耐心，多一点等待，多给孩子一点空间，让孩子自己去试着解决矛盾，从中收获更多。

其实冲突也不是一件坏事，处理冲突是孩子必须掌握的社会技能之一，它可以让孩子从不同出发点细致地考察问题，聆听别人的想法，表达自己的诉求，了解自己行为造成的后果及理解他人的想法，然后协调自己的行为与他人的认识，从协商中找出解决问题的办法，学会人际交往技能，这其中还能帮助孩子克服自我中心的心理倾向，学会尊重、理解和宽容他人。因此，父母和老师都应该像案例中的龙龙妈妈那样，让孩子自己处理与同伴之间的冲突。当然，如果我们预判到一个孩子将被另一个孩子伤害时，大人还是应该立即介入或制止。

策略与建议

作为父母，我们该如何教孩子学会处理冲突呢？

（1）培养孩子的交往技能。我们要让孩子掌握一些避免和解决冲突的基本技巧，平时有意识地教给孩子一些人际交往的技能技巧，如教孩子学会倾听，学会换位思考，理解他人的感受，学会向他人感谢和道歉，学会向他人提出要求和表达自己的意愿，以及学会展开话题和他人进行交流，学会遵守规则等，如果孩子能熟练运用这些技能，就可以避免一些冲突，也能自己处理冲突。

（2）当孩子发生冲突时，父母要尽量避免充当法官。批评或评判谁对谁错，也不要说“不要再争抢了！”或“谁先停下来谁更聪明！”之类的话。因为所有的孩子都希望自己的解释被听到，被理解，如果我们不去做评判，孩子就无须在我们面前撒谎辩护或告状了。我们应该当好调解员，允许每一方先陈述事实，再说出他们自己的看法，然后组织他们在一起协商出大家一致认可的解决方案。孩子们可以在一次次矛盾冲突中成长，调整自己的性格脾气，学会忍耐、宽容、与人为善，慢慢地学会正确处理与周围小朋友的关系。因为每个孩子的内心都渴望被朋友接纳，和朋友一起愉快地玩耍。

（3）我们要教育孩子学会宽容。我们要让孩子明白，如果

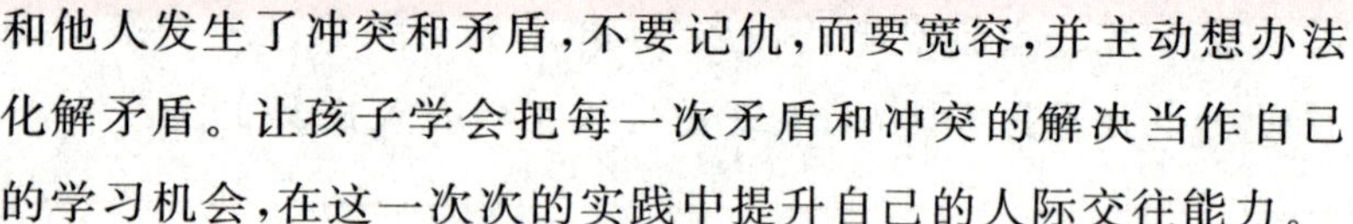

和他人发生了冲突和矛盾，不要记仇，而要宽容，并主动想办法化解矛盾。让孩子学会把每一次矛盾和冲突的解决当作自己的学习机会，在这一次次的实践中提升自己的人际交往能力。

人生哲学

我们要有正确的处理冲突的方式，这样孩子才能够学会怎么处理冲突，很多时候父母就是孩子的第一任老师。

孩子之间如果发生了矛盾，我们要好好地引导孩子，而不是斥责其中的一个孩子，更不能够偏袒一方。最好让孩子自己去解决，因为，孩子们有他们自己的世界，就算发生了矛盾冲突，过一会儿也就没事了，家长无须大惊小怪。

对于他人欺负我们的孩子，我们要教孩子勇敢地面对，而不是逃避，不要害怕他人的侵犯，要在保护好自己的情况下，给对方适当的反击。

我们既不要孩子太强势，给他人带来伤害或者恐惧，也不要孩子太软弱，经常被他人欺负，而要教孩子做到不卑不亢，人不犯我我不犯人。处理冲突不是简单的事情，要给孩子时间。

5. 孩子交了坏朋友怎么办

世间最美好的东西，莫过于有几个头脑和心地都很正直的严正的朋友。

——爱因斯坦

引入

在孩子的成长道路上，孩子交友是不可或缺的一环。但择友对孩子来说，并不是那么容易，他们不知道如何正确选择合适的玩伴，也很难抵制一些诱惑。随着孩子年龄的增长，这个问题变得越来越重要。“近朱者赤，近墨者黑”，每位家长都希望自己的孩子交到优秀的朋友，树立正确的交友观，在良好的圈子里学到更多的东西。但是往往事与愿违，自己的孩子经常和一些成绩不好、习惯糟糕的孩子交往，这也是使很多家长头痛的事情。作为父母，我们怎样帮孩子找到合适的朋友呢？我们先看一个案例。

案例①

孩子今年十五岁，读初三了，成绩一直很好。可是最近我发现他总是喜欢早出晚归，一次偶然的机会我发现他居然和我们街道上的几个不务正业的“小混混”有说有笑地聊天，然后一起勾肩搭背地走了。由于之前没处理过这方面的事情，我怕伤害了孩子的自尊心，就一直没跟孩子提起。我也知道孩子处于特殊时期，但是真的害怕他被那些社会青年带坏了，我该怎么办呢？

---

① 白致远. 孩子喜欢和一些社会上的人接触怎么办[J]. 青春期健康，2011(8)：72-73.

案例反思

“近朱者赤，近墨者黑”，做父母的都希望自己的孩子和优秀的孩子一起玩儿，但往往不如人意。案例中，这位家长的做法是正确的，因为他没有莽撞地打扰孩子。那么当家长遭遇这种情况时应该怎样处理才比较恰当呢？

(1) 父母可曾想过，孩子为什么喜欢和“小混混”一起玩儿？首先是因为青春期的叛逆。处在青春期的孩子，由于自我意识迅速发展，在学习、生活方式和人际关系方面会表现出一定的独立性。觉得自己是“大人”了，也希望家长和老师把他们当成“大人”，因此面对家长的说教，他们往往表现得很不耐烦，这也是这个年龄的孩子特别叛逆的原因之一。

(2) 对外界的好奇心理。青春期的孩子受到生理限制、知识不足、社会经验缺乏等影响，自我意识有一定的片面性和幼稚性。而这些所谓的“小混混”由于他们长期在社会上闲逛，他们所掌握的一些信息对于长期奔走在家和学校之间的孩子们有着不可抗拒的诱惑。这也就解释了孩子们为什么喜欢和“小混混”接触。

(3) 这个年龄段的孩子涉世未深，因此他们在择友、交友时会带着自己的主观好恶，缺乏明辨是非的能力，他们可能会和那些打架闹事的同学交朋友，并模仿他们的行为，认为那是讲哥们儿义气，是勇敢。还有的可能就是孩子也许遇到了什么问题，想要自暴自弃。这种情况不多，但不是没有，比如说孩子学习上受挫，学校朋友之间出现了问题，与异性交往方面出现了波折等。这种情况需要家长及时发现并予以纠正。

因此，孩子的人际关系需要父母引导。父母要从根本上让孩子明白如何择友、该和哪些人交友。一旦发现问题，父母不要气急败坏地谴责孩子，而要心平气和地多关心孩子，明确表达你的看法。同时了解孩子之所以和这些伙伴交往的真正需求，帮助孩子对这段友谊进行评估，尽量让孩子自己做出决定。

孩子面对这种情况时通常会觉得父母小题大做，神经过敏，他们对于父母的苦口婆心根本听不进去。但是，如果你给他们足够的时间让他们冷静下来，并把你的意思充分表达清楚，通过让他回答一些基本问题，比如“这段友谊是互惠的吗？”“如果有一天他们打架拉你一起去，你去吗？”等问题帮助孩子认识自己的需要，引导孩子最终做出正确的判断。强行阻止极有可能适得其反，激起孩子的叛逆。如果孩子一时难以断绝和伙伴们的交往，可以先限制他们的交往时间，制定各种交往规则，并进行监督。

此外，父母平时要抽出一些时间，走进孩子的交友圈，关注孩子的交友情况，还可以主动请孩子的朋友到家里来做客，通过近距离接触了解他们，适时地对他们进行正确引导。

策略与建议

伊索有一句名言：“对一个尚未成熟的少年来讲，坏的伙伴比好的老师起的作用要大得多。”可见朋友对孩子的影响有多大。所以，作为父母，我们应该保护孩子，对抗“坏朋友”的不良影响。

(1) 要防患于未然。父母要提前培养孩子的辨别能力,在他具备独立的判断力和自控力之前,教孩子怎样和伙伴相处,多和孩子沟通、讨论他的需求和困惑,不要等危险信号出现才仓促"应战"。父母通过关注指导孩子、多了解孩子的朋友、和孩子沟通顺畅,就可以适当地影响孩子的交友选择。

(2) 要用理性和温和的方式来处理问题。找孩子好好谈谈,而不只是简单粗暴地命令孩子和小伙伴断绝来往。在了解情况后要表现出兴趣,可以从其他的事情开始,慢慢把话题转移到孩子的小伙伴身上。不要只问诸如"他是谁,是做什么的,在哪里认识的"这样肤浅的问题,而应鼓励孩子说出他和朋友之间交往的每一个细节,表示出你愿意和他共同分享的兴趣,引导孩子辩证地评价朋友,"取其精华,弃其糟粕"。这里要指出的是,打骂是一个极端的方法,不但解决不了问题,反而会让这个伙伴更有吸引力。

用转学来达到让孩子离开伙伴的目的也不是个好办法,在新的学校,孩子可能会马上结交其他不当的伙伴。尊重并认可孩子的想法,即使你反对他们的交往,也不要急于让孩子接纳你的观点,而是多花时间陪伴孩子,多倾听他的声音,慢慢让他远离坏朋友。相比简单粗暴地批评他的朋友,或者禁止他和朋友的交往,让孩子认识到朋友可能带给自己的坏影响、主动选择离开,更加人性化、对孩子的伤害也最小。

(3) 要让孩子自己选择朋友。父母要清楚什么是该做的,什么是不该做的。对孩子的交友,最重要的是信任,而不是简单套用自己的价值观,一味粗暴地呵斥和责怪,更不能攻击孩子的朋友，给他的小伙伴随便贴上“坏孩子”的标签。让孩子自己选择朋友还可以教育孩子对自己的行为负责。不要认为自己的孩子犯错都是因为交友不慎，受人影响，要知道，把责任归咎于他人的不良影响并不能帮助孩子学会对自己的行为负责。青春期是孩子体验社会的一个重要阶段，在这个时期，一段付出沉重代价的友谊也能让孩子得到重大教训。①

(4) 要鼓励孩子交友。不要“一朝被蛇咬，十年怕井绳”，因为孩子和不同类型的朋友交往，接触不同的人，可以获得不同的感受，学到不同的知识。这样会拓展孩子的视野，培养孩子的包容力和同情心，学会新的行为习惯，用新的角度看问题，学会和不同的人相处。当然这样做的前提必须是孩子交往的是价值观和学习、生活态度正确的朋友。

人生哲学

我们不是被他人影响，就是影响他人；不是改变环境，就是被环境改变。

人都需要朋友，孩子也一样。我们通常会选择自己欣赏的，与自己脾气、性格合得来的伙伴作为自己的朋友。我们要尊重孩子选择朋友的权利，并尊重他所选择的朋友。不能因为他的朋友偶尔有一些不好的行为，就完全否定他并禁止自己的孩子与他来往。如果孩子真的选择了“坏朋友”，我们无法改变别人家的孩子，需要做的是规范自己孩子的行为。

---

① 何文. 中国家长怎么这么难[M]. 长沙：湖南少儿出版社，2011.

我们要鼓励孩子去结识朋友，希望他能尽早找到“情同手足”的挚友、“君子之交淡如水”的普通朋友等。当然，世上没有十全十美的“完美朋友”，我们需要在欣赏朋友优点的同时接受朋友的缺点，做一个宽容的人。

6. “同桌”这个事，家长管不管

如果说，友谊能够调剂人的感情的话，那么友谊的又一种作用则是能增进人的智慧。

——培根

孩子上学之后，除了父母，跟自己相处最多的就是“同桌”。在调查中，记者发现多数家长对孩子和谁同桌非常关注，“谁都希望自己的孩子和优秀学生同桌，担心学习、行为习惯差一点的孩子，会影响自家孩子的学习。”也有部分家长表示对孩子和谁同桌不太关注。一位家长称，孩子的班上是按照身高等自然条件男生女生搭配坐的，如果遇上不如意的同桌，自己不会去干预，也干预不了，关键要引导“自己管好自己，别人让老师去管”①。作为家长，你是如何看待孩子的“同桌”这件事的？我们先看一个案例。

---

① 孩子同桌挺调皮家长想要换座位[EB/OL]. http://news.163.com/18/0115/07/D862VBQS00018AOP.html,2020-11-20.

案例

晓月今年上二年级了，她的同桌是个男孩子，总是找她麻烦，老师多次教育了她的同桌，但都没有任何改变。一天，晓月又被欺负了，第二天妈妈带了晓月最喜欢的故事书，和晓月一起在门口等她同桌。她同桌看到晓月跟她妈妈时，神色很慌张，又有点不在乎的样子。

晓月妈妈蹲下来跟他说："别紧张，阿姨就是想跟你聊聊。"她同桌很惊讶，情绪也缓和了很多。

晓月妈妈问他："晓月是好同学还是坏同学？是不是哪里不好呢？"他说："晓月是好同学，从来不捣乱，也不骂人，不欺负人。"

晓月妈妈又问："那晓月有什么缺点吗？"他说没有。

晓月妈妈于是说："既然晓月是好同学，如果有人欺负她，你觉得这样对吗？"他摇摇头，"那你会欺负她吗？"

他想了想说不会，晓月妈妈拍拍他的肩膀说："真是个好孩子。"

晓月妈妈拿出晓月最喜欢的故事书送给他，说："阿姨相信你是个好孩子，这本书送给你，希望你们以后一起好好玩儿，好好学习。"

晓月妈妈当时看到他眼里含着泪水。这招还挺管用，从此他跟晓月相处得很好，还经常一起写作业呢，现在两个人的成绩都有了很大的进步。

案例反思

父母希望孩子和优秀学生成为同桌的要求很正常。因为好同桌可以互相鼓励，互相影响，共同探讨解题方法，能让两个孩子都受益。但如果遇到“捣蛋鬼”“后进生”怎么办呢？换同桌肯定不是上策。案例中，晓月妈妈的做法显然是成功的，在老师教育无效的情况下，她没有去要求老师换同桌，晓月再次被欺负后，她不是去找同桌麻烦或进行威胁恐吓，而是动之以情，晓之以理，把孩子们最喜欢的故事书送去感化同桌，慢慢引导，并相信他是个好孩子。

一般来说，不管是同桌之间的相处，还是朋友的选择，关键还是让孩子自己把握好分寸，自己能明辨是非。如果家长过分插手孩子的交友与生活，会对孩子正常的人际关系和社交能力造成负面的影响，这对孩子的成长是不利的。但如果孩子总被同桌欺负，父母还是要有所行动，就像案例中的晓月妈妈一样，帮助孩子处理好与同桌之间的关系，避免孩子被欺负，受不良影响。同时，父母也要教育孩子学会与不同性格的人交往，取长补短，互相进步。

策略与建议

我们知道，孩子的一生会遇到形形色色的人，让孩子从小学会与不同的同桌相处也是很重要的，可以为他以后的人际交往打好基础。遇到好的同桌，两个孩子互相激励，共同进步。

如果同桌不够完美，家长也不用着急，可以从以下几个方面来帮助孩子。

（1）让孩子做同桌的榜样。如果同桌学习不是很好，父母可以让孩子去帮助他，两个人一起努力，一起进步。让孩子学会保持良好的学习心态，上课认真听讲，孩子在帮助同桌的同时，自己也能学到更多的知识。不少老师安排优秀生和学困生同桌，目的正是让他们相互帮助，培养孩子们的爱心和责任感。

（2）引导孩子发现同桌的优点。父母应对孩子的同桌少一些挑剔，多一些欣赏，并引导孩子看到同桌的长处，如同桌虽然有点儿调皮捣蛋，但是反应快，点子多……让孩子明白每个人都有不同的性格，我们要学会欣赏他人的优点，学会包容。善于发现他人身上的优点，并取长补短，也是孩子需要学习的一种优秀品质，长久下来，可以结交到很多知心朋友。父母要切忌以成人的眼光去影响孩子的思维，使他们产生一些不正确的或模糊的看法，进而戴着有色眼镜看待同学，这对他们的成长极为不利，特别是长大后看待社会也会产生偏见。

（3）教孩子如何面对“坏同桌”。同龄的孩子所处环境不同，行为举止各异，但孩子本性善良，没有真正所谓的坏。一旦遇到所谓的“坏同桌”，对孩子成长也是一种助力。父母应该启发孩子跟他成为朋友，如可以一起参加活动，一起玩耍，一起学习，也可以跟他们约法三章等。相信在孩子的欣赏包容和合理引导下，同桌会变好的，到时他也能体会到其中的快乐。

人生哲学

在父母眼里，孩子总是需要保护的。但我们终究要学会给孩子成长的空间，而不是每分每秒放在自己眼皮子底下。孩子小时候，父母可以要求老师，为孩子选择同桌，当他长大成人、步入社会，在工作中遇到性格不合的同事，父母还能再去帮他选择共事的伙伴吗？能给他提供理想的工作环境吗？父母能庇护孩子一辈子吗？

所以，千万别把孩子当温室的花朵，既然父母不能保护他一辈子，也不能让他一直生活在所谓的安全区，就让他多在风雨中历练，偶尔遇到小挫折，更有利于孩子的成长！长大后，面对各类事情时，他才能很好地解决！

7. 孩子遇到校园欺凌怎么办

勿以善小而不为，勿以恶小而为之。

——刘备

引入

电影《少年的你》上映3天便收获无数好评，同时也引发了大家对“校园欺凌”的讨论与思考。校园欺凌是每位父母最不愿看到的一幕，也是一个日益突出的社会问题。校园欺凌中，无论是欺凌者还是被欺凌者的心里都会留下很深的烙印，这种不良影响，不仅仅体现在受害者身上，也给施暴者的心灵成长和社会前途增添了大量的阻力。打开网站，输入“校园欺凌”四个字，一大波视频呈现在眼前：围殴打骂、狂扇耳光、强吞秽物……每一段视频都触目惊心，也让人痛心，我们痛心的不仅是孩子肉体的伤痛，我们更心疼的是孩子受到的沉重的心理创伤。如果你的孩子受欺凌了，你该怎么办？我们来看一个案例。

案例

晓晓，15岁，是一名初二学生。因为个头大，有点男孩子气，桀骜不驯，晓晓成了学校里的“大姐大”，带着几个跟随的小姐妹，经常欺负看不顺眼的同学。一次为了替她好姐妹出气，这个人高马大的初二女孩在操场角落里对隔壁班女生连扇耳光。两天后，被欺负者搬来了救兵，晓晓遭多人殴打、脚踹……

事后，晓晓回到家里，家长没有发现异常，晓晓自己也没有说起，但从此后她精神萎靡，不愿意说话，闷闷不乐，而且不想上学。父母是在几天后听同学说起才知道这件事的，母亲像往常一样把女儿训斥了一顿，希望女儿从此长教训。晓晓当时心情沮丧，嫌母亲烦，将母亲关在门外，父亲也就没有再提这件事情。因为女儿从幼儿园开始，就经常在学校打架，父母已经司空见惯了。父母对晓晓的教育属于简单粗暴型，妈妈不是哭就是责备，爸爸则嫌她太调皮，经常打她。

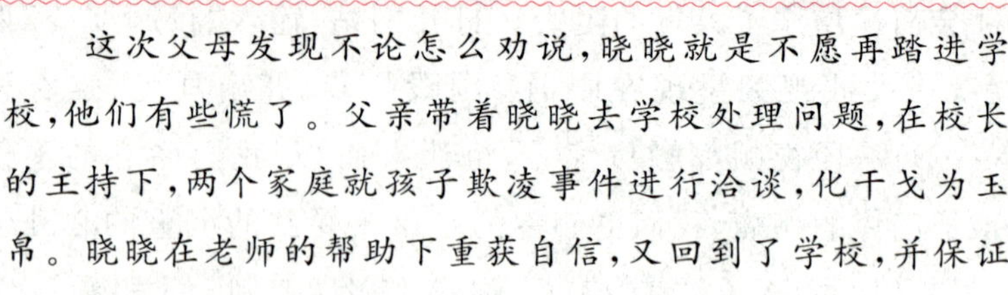
这次父母发现不论怎么劝说，晓晓就是不愿再踏进学校，他们有些慌了。父亲带着晓晓去学校处理问题，在校长的主持下，两个家庭就孩子欺凌事件进行洽谈，化干戈为玉帛。晓晓在老师的帮助下重获自信，又回到了学校，并保证今后不再以暴力的方式欺负他人。

案例反思

案例中，晓晓既是“校园欺凌”的施暴者，同时也是被欺凌者。从小到大，晓晓很少获得父母的关爱和表扬，父母总是打骂她，她也学会了用“打”解决问题，认为打赢才能解决问题，慢慢地经过自己的努力成了“大姐大”，在同学面前有成就感、价值感，觉得自己很厉害。但现在却被其他人侮辱，晓晓不仅内心恐惧，还感觉自己威信扫地，无颜面对以往跟着她的那些姐妹，她觉得其他同学一定会看她笑话，认为她活该，所以她不愿再去学校。幸运的是，父母虽然没有及时发现异常，但最终还算完美地解决了问题。在老师的帮助下，父母改变了教育方式，晓晓重回学校，并表示以后不再用暴力解决问题。

发生校园欺凌事件时，父母一定要插手，及时联系学校，和学校共同商讨事情的解决方法。在校园欺凌事件中，欺凌者由于长期欺负别人，霸道称王的感觉令其内心得到极大满足，越发自我膨胀，对同学缺少同情心，没有后果意识，对生命、对法律没有敬畏之心；被欺凌者则要遭受身体和心灵的双重创伤，易造成性格懦弱、自卑，缺乏信心和勇气，并且容易留下难以平复的阴影，导致厌学甚至辍学。“旁观者”也会因为帮不到受欺者而感到内疚、不安，甚至惶恐。所以，作为父母和老师，对校园欺凌一定要有清醒的认识，这绝对不是小事情，我们要尽量减少校园欺凌的发生，营造优良的学习环境，让孩子们健康成长。

策略与建议

孩子如果受到了欺负，父母一定要引起重视，为人父母，我们有责任保护好自己的孩子。

(1) 要多和孩子及老师沟通。现在很多小孩子受到欺凌之后，不敢告诉父母，为什么呢？因为当受欺凌的孩子回到家之后，把心中的万般委屈说给父母听时，有的父母不是骂他不懂事，就是说他成绩不好。还有的家长甚至说，为什么别人只欺负你，而不欺负其他人？你怎么不好好反思一下？所以，不管哪个年龄段的孩子，父母都要及时和孩子进行沟通、了解孩子在学校的情况，要多与孩子谈心，增加彼此的信任，告诉孩子发生了欺凌事件一定要告诉老师和父母，忍气吞声，隐瞒不说只会使欺凌者更加猖狂，让他们欺凌更多的同学，还会频繁地勒索他；同时，也要多和学校老师沟通，以便及时知晓孩子在学校的表现。

(2) 教会孩子自尊自爱和自我保护。许多遭受校园欺凌的孩子在第一时间会自我怀疑，认为真的是自己不好，才会受到欺负。确实，校园欺凌往往容易发生在一些低自尊、遭受欺负

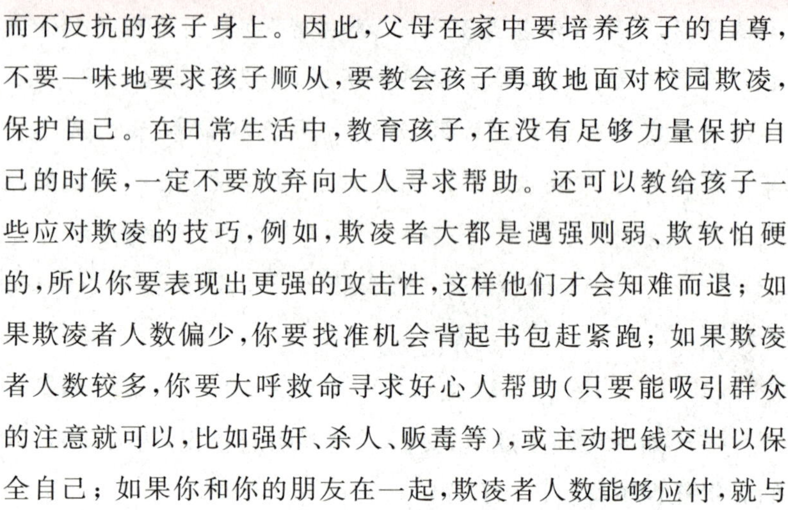

而不反抗的孩子身上。因此，父母在家中要培养孩子的自尊，不要一味地要求孩子顺从，要教会孩子勇敢地面对校园欺凌，保护自己。在日常生活中，教育孩子，在没有足够力量保护自己的时候，一定不要放弃向大人寻求帮助。还可以教给孩子一些应对欺凌的技巧，例如，欺凌者大都是遇强则弱、欺软怕硬的，所以你要表现出更强的攻击性，这样他们才会知难而退；如果欺凌者人数偏少，你要找准机会背起书包赶紧跑；如果欺凌者人数较多，你要大呼救命寻求好心人帮助（只要能吸引群众的注意就可以，比如强奸、杀人、贩毒等），或主动把钱交出以保全自己；如果你和你的朋友在一起，欺凌者人数能够应付，就与对方搏斗，对方明知会吃亏一定会跑。

另一类容易遭受校园欺凌的是那些孤僻、不合群、人际交往能力差的孩子。父母要从小培养孩子和同伴建立善意、支持性人际关系的能力。父母们要多带孩子参加一些亲友间的社交活动，营造环境提供机会让孩子参与同伴社交，耳濡目染，会对孩子上学后的人际适应产生良好的影响。如果察觉孩子性格有些孤僻，缺少有意义的同伴关系，一定要及时干预和治疗。

（3）父母要保护好自己的孩子。保护孩子是父母的责任，在孩子被欺负时父母必须亲自出面，第一时间了解清楚事情的来龙去脉，分析清楚事情之后，要及时找老师和对方孩子的父母把事情说清楚。有理有据，不卑不亢，即便是再难搞的父母，我们也要让其他父母以及他们的孩子看到我们做父母的态度，我们的孩子不允许欺负别人，也不会被人欺负。同时，要求老师和学校有所作为，教育惩戒欺凌孩子的学生，而决不能听之任之，任由孩子遭受伤害。

人生哲学

校园生活，本该是每个人青少年时代最美好的记忆，可对于一些人来说，却是永远不愿提起的梦魇。因为校园欺凌、暴力的现象，给孩子们留下的不仅是身体上的伤痛，还有难以磨灭的心理伤害。有的被欺凌者在接受采访时说，时至今日，他依然记得当年那个总在上学路上堵他、欺负他的人，可见当时幼小心灵留下的心理阴影之深。

8. 把握网络交往的尺度

网络是一把“双刃剑”。

——佚名

引入

随着时代的发展，通信越来越发达，网络交往已经成为人们的一种主要交流方式。网络沟通无极限，它突破了时空地域的限制，扩大了交往的领域、对象，给人们的交往带来了很大的便利。但网络交往也是一把锋利的“双刃剑”，中学生辨别能力不强，控制能力较弱，正处于身心发展的特殊时期，生理和心理发展不成熟，网络在开阔其视野，提高其交往水平的同时，也由于网络交往具有对象不可捉摸性和网络信息良莠不齐等特点，给他们的人际交往带来了一些不良影响。我们先看一个案例。

案例

电视剧《家有儿女》第一部中有一集叫《如此防范》，剧中夏雪要见网友“歪猴”，引发了刘梅的惊慌。见阻拦不了，就全家总动员帮她防“狼”，让夏雪带了许多防范“武器”，并要求夏雪每20分钟和家里联系一次。夏雪用放录音的办法让刘星每20分钟拨一次家里的电话，还把刘梅带给她的一大包防范武器速递回家，这使刘梅更加坐立不安。后来夏雪和网友一起回到家中，网友也带了一个很大的包，打开一看，里面用来防范的武器比刘梅给夏雪装备的有过之而无不及。

案例反思

青少年时期是孩子长知识、求上进的时候。这个阶段的心理特点是要求被人理解，要求摆脱被支配而谋求人格独立。在学习与生活中，有欢乐和苦恼，成功与失败，斗争与冲突。他们需要倾诉，需要理解，需要帮助。他们渴求建立友谊，成为一种自然现象。网络交往，可以畅所欲言，无所不谈，可以交更多的朋友，得到更多的资讯。但网络信息需要认真分析可信度，因为有很多虚假的信息，网络交往要谨慎，不要随意见网友。

当然，孩子要见网友很正常，案例中刘梅虽然紧张，但见无法阻挡就只有全家总动员，帮助夏雪做防范准备。而夏雪和“歪猴”都带了一大包防范武器，可见，她们俩在见网友时都有一定的防范措施。从剧中也可以看出，夏雪虽然有些烦刘梅准备的那些“武器”，但很多建议她还是接受的，如约在人多的地方见面、吃饭等，由此可见，父母要给孩子一些合理化建议。

现实生活中，我们经常看到学生私下见网友被伤害的新闻，这并不是禁止网络交友，但父母和老师一定要让孩子明白：网络交友要谨慎，要把握好网络交友的尺度，尤其不要未经父母同意就私下见网友。

策略与建议

网络交往中的犯罪案件大家都或多或少了解，正因为网络交往的随意性、隐蔽性、广泛性，给不法分子提供了可乘之机。网络交往有利有弊，父母要关心孩子，帮助孩子用其所长，避其所短，充分发挥网络交往的积极作用。

(1) 父母要和孩子多沟通。父母平时要多和孩子谈心，了解他的学习和生活，进而了解他的网络交往对象。这样，孩子在遇到特殊情况，自己无法处理或无法做出正确判断的时候，就会及时和父母沟通商量。

(2) 提升孩子的辨别觉察能力。网络信息良莠不齐，个别别有用心的人会利用网络实施违法犯罪活动。孩子刚开始上网时，父母可以陪同，在实践中不断提高孩子的辨别觉察能力和抗诱惑能力，让他学会自我保护。

(3) 提高孩子的安全防范意识。网络交往对象看不见、摸不着，要告知孩子提高安全防范意识，不轻易泄露个人资料，不随意答应网友的要求。现实中遇到问题，尽量找父母或熟悉的同学和朋友解决，不要完全依赖网友来满足自己的情感需求，以免上当受骗。

(4) 教育孩子遵守网络法律。让孩子了解必要的网络法律，既是对他人的尊重，也是对自己的保护。网络交往是人际交往的延伸，因此，上网要遵守最基本的行为准则，不恶意制造、传播流言，不侮辱他人人格，不进行诈骗活动；在网络聊天室、公告栏等公众场所，要语言文明、轻松幽默，不辱骂他人，不制造、传播病毒，不利用网络破坏公共设施等；与网友交流，要真诚友好，不欺诈他人。自觉抵制网络交往中的不文明行为。

(5) 要让孩子增强自律。没有意志，什么事情都干不好。网络同样如此，许多人正是由于缺乏意志而陷入网络不能自拔，成为网络的奴隶。我们要让孩子做网络交往的主人，主动地管理它。利用网络促进学习提升，而不是因为整天沉迷网络而影响学习。尤其要教育孩子避免网恋，虽然不乏网恋成功的案例，但是要知道，网络是虚拟的，和现实有一定的差距，孩子容易受到伤害。

人生哲学

网络极大地改变了人们的生活方式，人们坐在家里，足不出户，就可以学到知识，请教不同的人。以前这样做，要花费大量的时间、物力、财力。而如今，不费吹灰之力，便可做到。人们可以随时随地与人交流，而且可以畅所欲言、极大地减少了人们的孤独感。人们的生活因网络而变得丰富多彩，但网络交往也是一把双“刃剑”，有利有弊，但利大于弊，我们要趋利避弊，享受网络交往带来的便利。

9. 正确看待孩子的异性交往

青年男女应当保持真诚的关系，也就是说，要有这样一种关系：无论对任何事物，不夸大，也不低估。如果彼此不欺骗，如果尊重自己也尊重他人，这时候，不管保持什么样的关系——友谊的、爱慕的等等关系——那都是健全的关系。

——马卡连柯

引入

不少家长为孩子与异性同学的交往而头疼。其实，同学间的异性交往是一件很正常的事情，青春期既是长身体、长知识的时期，又是性心理发生变化、对异性产生爱慕好感从而渴望结交知心朋友的时期。可以说，异性交往是孩子成长过程中正常的心理需要。父母应该明白，喜欢和异性接触是青春期少男少女性心理发展的正常表现。如果发现孩子与异性朋友交往，父母要做的不是责备和批评，而是要认识到孩子和异性交往是心理正常发育的表现。家长应该给予正确的指导，多抽出时间来和孩子进行交流，给孩子一些宽容，给孩子几分理解。

案例①

小玮是一个活泼的中学生，由于性格使然，她和男同学的来往较多。在最近的家长会上，老师反映她与某男生的交往比较频繁，希望父母注意孩子的“早恋”倾向。回到家里，爸爸对小玮大声训斥，丝毫不听小玮的解释。小玮委屈得大哭一场，几乎一夜没睡。第二天上课，小玮由于精神状态不好，又被老师批评了一番。从此，原本活泼的小玮越来越沉闷，学习成绩也逐渐下滑，家长感到事态严重，带小玮走进了心理咨询门诊。

案例反思

男孩和女孩正常交往是性角色形成过程中最自然的事，或者说是性角色成熟的必由之路，可以帮助他们形成正确的性别角色意识，可以促进男女同学自觉地完善和改变自己，进而更准确地塑造少男少女形象；可以弥补异性之间天然存在的性格差异，使少男少女个性品质发展得更顺利，有助于少男少女的成熟与发展。科学研究发现，如果一个人的童年和少年时代从未有过与同龄异性的交往，不仅性角色意识会出现严重的障碍，而且整个人生都可能是一个悲剧。男女同学的交往是建立纯朴友谊的基础，也是人格完善的需要。

案例中小玮的问题在中学生中有一定的代表性。老师一

① 李萍.别让早恋的帽子压垮孩子[J].好家长，2005(12).

旦发现情况，都会倾向于及早通知家长，而家长由于对青春期孩子的心理发育特点和心理需求缺乏了解，加上“望子成龙”“望女成凤”心切，只要听到或发现自己的孩子和异性交往就如临大敌，而且不分青红皂白，简单粗暴地对孩子大加训斥，丝毫不顾及孩子的感受。

对于异性同学之间的交往，如果老师或父母处理不当，容易使孩子走向两个极端：一是由于逆反心理的作用，或赌气，或证明自己有主见、有尊严，索性就真的早恋，从而荒废学业，甚至过早地发生性行为。二是出现社交退缩，从此不愿与人交往，继而出现情绪、睡眠等问题，学习成绩下滑。如果不及时干预，严重的还可诱发精神疾病。

策略与建议

那么，父母该如何对待孩子与异性同学的交往呢？

(1) 注重青春期性教育。据调查，当前有近半数的初中生缺乏对性的基本的正确认识，也缺乏最基本的性卫生保健常识。当孩子进入青春期，父母就应该给孩子慢慢灌输一些性知识、爱情婚姻的常识，帮助孩子了解青春期的生理和心理特点，提高性自我保护意识，树立健康的爱情观、婚姻观。父母应该明白，由于青少年性意识的觉醒，孩子对异性产生好奇、关心、爱慕和愿意接近的心理与行为，都属于正常现象，家长不必大惊小怪或进行粗暴干涉。孩子通过与异性同学之间的交往，可以分清什么是友情，什么是爱情。大人不应该一棒槌打死，称为“早恋”，家长和老师过大的反应，往往会起反作用。

（2）告诉孩子珍惜友情，暂缓爱情。发现早恋“苗头”时，家长切忌简单粗暴地训斥，要平等沟通，给他们创造集体活动的机会，让他们既能满足自己和异性交往的心理需求，又不至于把需求和精力指向一个人，同时还可享受同伴的友谊和快乐。告诉孩子，爱情虽然浪漫，但爱情有责任，如果你爱上了一个人，你应该让自己更优秀，以便保持你的吸引力，以便在未来给你所爱的人提供幸福的生活。还要进一步让孩子明白，爱上一个人，可以默默爱着对方、守护着对方，等时机成熟再表白，这样才不会给对方带来压力和伤害，“爱是给对方幸福，而不是给对方带来伤害”。

（3）给孩子传授一些异性交往的原则。①异性交往要广泛不要专一。和异性同学要广泛接触，避免个别接触，广泛的异性交往可以避免双方陷入早恋的误区。②交往程度宜浅不宜深。异性交往时间不宜过长，因为过于频繁的接触，会唤起人的热情，引起人的误会，激起人的冲动。所以男女同学的交往频率要低一些，表情动作、言谈举止力求自然真实、大方得体，不夸张做作，这样才有利于正常的异性交往。③对待异性朋友要真诚。异性交往中，要把自己的看法、感受和态度尽量坦诚地告知对方，将友谊看成是共同成长、一起进步的动力，切不可把男女之间的交往当作寂寞孤独的填补。

人生哲学

异性相吸是人的天性，孩子喜欢和异性交往是一种很正常的心理现象。家长要理性地看待孩子的异性交往，帮助他们微笑着走过人生的花季雨季，在人生的道路上携手共进，创造辉煌！

10. 孩子早恋怎么办

我觉得喜欢是一件很郑重的事情，需要考虑和确定的因素都太多。而且语言这种东西，说出去就收不回来，所以，我没做好准备之前，我不想说喜欢任何人。

——一枕《早恋影响我学习》

引入

随着社会的快速发展，孩子的思想越来越早熟，早恋现象呈逐年上升的趋势。如果有一天你的孩子告诉你，或者你发现他喜欢班级里某个人，作为父母，是不是会慌了手脚？我们该如何帮助孩子度过"危险重重"的青春期呢？孩子早恋了该怎么办？我们先看一个案例。

案例[①]

女儿高三那年，暗恋上了她们班的班长。这是一个很优秀的男生，好多女生都对他崇拜得不得了，只是女儿为这段暗恋付出的代价更为惨重，月考成绩惨不忍睹。女儿从小

① 发现女儿早恋，这个爸爸的做法刷爆朋友圈！[EB/OL]. http://www.sohu.com/a/164438934_253479,2020-11-20.

被我训练的心理很强大，一般的挫折根本不会撼动她，自控能力也很强，弱点就是重感情。

在女儿学校旁的一个咖啡店里，我像朋友一样地请女儿喝咖啡。等她戒备心解除后，我直截了当地问："说吧，那个让你神魂颠倒，从重本线摔到专科线的人是谁？"女儿先是一愣，在我灼灼的目光中，她挫败地垂下了头，苦恼地说："是我们班长，可是爸爸，他根本看不上我。"我仔细打量了女儿一番后，明白了。我说："你愿不愿意让爸爸从男人的角度来给你分析一下，为什么你们班长看不上你？"女儿的眼睛刷地一亮，期待又羞涩地点了点头。

我对女儿说："从男人的角度来看，你绝不是大多数男人第一眼就能相中的对象。首先，你要从外形上改变。你现在已有130斤，虽然1.68米的个子，这个体重只算是微胖界的一员，但是绝大多数男人都喜欢小鸟依人型的女孩。所以，从现在起，你想追上班长，就得每天锻炼身体，减肥、修身。"女儿默默地点了点头。我接着放第二招："想吸引男生的注意，除了长相外，最重要的还是内在的气质。这一点你不缺，从小我就培养你看古典诗词，教你弹古筝，学绘画，虽然这些年基本全丢了，现在，你可以适当地捡起来，在学校最后一次会演上给他们露一小手你的《高山流水》，绝对可以一鸣惊人。"

女儿被我说得一脸激动。看差不多了，我使出了杀手锏："想要让一个男人爱上你，你得自己能力出众，先让他佩服你。爱自己的女人，才会有被人爱的机会。你看看你现在，成绩与班长天差地远，别说爱，就连友情都是奢望。”女儿经过一番训导，终于想通了：“爸爸，我想改头换面，你帮帮我。”……

我们在女儿学校边上租了个房子，让女儿从住读改成走读。然后我和妻子分工，她负责女儿的饮食，我负责女儿的健康。每天清晨，我都会陪着女儿慢跑，其实是观察女儿的思想动态，顺便跟她交交心，给她鼓劲。

不久，我把女儿的古筝从家里搬来，学习累了的时候，就让她弹一弹。那年年终的汇报演出，女儿上台弹奏了电视连续剧《红楼梦》插曲《枉凝眉》，艺惊全场。女儿不但为她的班级赢得了一等奖的荣誉，还被全校男生冠以“古典女神”的封号，收到好几个男生的情书。我建议她先把大学的目标立起来。

女儿听话地点头。最近一段时间，她的自信心被充分地调动起来，也很少在我面前提班长怎么样了，不久，班长被保送进了清华。我让女儿在他的纪念册上写三个字：“北京见”，女儿照做了。那天，她回来告诉我，写完这三个字后，她看见班长眼里流露出一种期待和赞许。

剩下的时间，就是冲刺了。女儿学习底子不差，只是因为单相思才暂时掉队。我把女儿的心态调整好后，遍请各校名师，给女儿一对一补习……

6月底，女儿的考分出来，竟然考了639分，远远超出了我对她的估值。如今，女儿已经在中国传媒大学读大二，这个暑假回来，我问她个人感情的事，她吹牛说追她的人排到了五环外。我纵声大笑，没问这里面有没有班长。对一个父亲来说，能让女儿在成长的路上学会挑选，学会守住底线，学会化被动为主动，已经足矣。（有改动）

案例反思

生活中我们经常遇到这样的情况：女孩子喜欢男生一旦被发现，家里常常会全部卷入，主要是担心女孩不会自我保护，身体受到损害。大部分人会认为，男孩恋爱好一点，有的父母会觉得男孩早恋没什么，不会吃亏，只要学习不受影响，就睁一只眼闭一只眼。

总的来说，父母如果发现孩子有“早恋”的苗头，可以根据自己的经验给予一定的暗示提醒，但不要盲目禁止。高考压力大，孩子更需要朋友，有时异性朋友之间的帮助会造成他心理上的愉快。其实，现在独生子女都很孤独，他们更需要异性之间像兄妹、姐弟那样的情绪互补和交流。要学习案例中的爸爸，他得知女儿因暗恋而成绩下降时，控制住焦躁的心急，抽丝剥茧不动声色，又幽默风趣，巧妙机智地把女儿引上正确的路。

实际上，只要孩子的交往是积极的，父母就不要过多干涉。但如果行为出格，影响了正常的学习，家长就要表明自己的观点：让孩子知道，爱情就像一棵小树，它的成长需要阳光、雨露，肥沃的土壤，精心的呵护，而身为高中生的他根本给不起。因此要珍惜友情，暂缓爱情，先完成学业。

确实，早恋会让孩子分心，影响其学习，但是，家庭的卷入是令孩子分心的另一大原因。如果家庭关系宽松，父母给予孩子的是正确的引导，孩子的学习虽受影响，但最起码不会再增加父母施加的影响。如果父母一贯专制，强硬地阻止孩子来往，这会造成孩子在学习上的更严重的分心，因为他要花心思瞒天过海，还要担心被父母发现。所以，粗暴地阻止往往比早恋本身更令孩子分心。不得不说，父母只有蹲下来，平等跟孩子对话，真诚地跟孩子成为朋友，才能更有效地引领孩子成长。

策略与建议

中学生在学习、生活过程中，产生接近和爱慕异性的心理需求是很自然的，也很正常，因为这个阶段正属于他们对异性的爱慕期。父母一旦发现孩子早恋可以从以下方面着手：

(1) 父母平时要多关心孩子，多跟他们交流。一旦发现他们有早恋的苗头，要及时进行心理沟通，通过耐心地分析让孩子斩断恋情。父母可以在适当的地方，在理智的情况下跟孩子作深入的谈话，先肯定对方在恋爱过程中对孩子的爱护、帮助和关怀，然后告诉孩子早恋的危害和学习的重要性，劝其把爱情之火熄灭，把爱的种子珍藏在心底，把精力用在自己的学业和个性的完善上。

(2) 帮助孩子转移情感。中学生的理智和抑制力相当有限，所以，要结束早恋，就要尽量避免两人单独在一起，暂时中止感情交流的一切渠道。父母要多鼓励孩子参加课余活动，如果有可能，尽量陪孩子一起参加，将孩子的时间和精力转移到紧张的学习和健康的课余爱好上去，同时也让他们在家中得到足够的情感满足，尽快帮他摆脱早恋情感。父母发现孩子早恋后，切忌简单粗暴地打骂孩子，这样做只会加重孩子的逆反心理。让他排斥你，认为你剥夺了他的真爱，要拆散他们。

(3) 通过教育让孩子清楚地认识到早恋的危害。父母通过举例等形式，让孩子知道早恋会耽误学习、破坏心情、浪费金钱等，并告诉他们如果自己学习好了，以后自然会有优秀的异性喜欢自己。如果现在因为谈恋爱而耽误学习，以后别人也不会喜欢他的。

(4) 对孩子进行必要的性教育。父母要让孩子知道性爱有它的必要性和需要性，它不是一个坏的东西。让孩子明白，性是属于夫妻之间的机密，应该把它的美好献给婚姻，它不属于单身男女，也不属于正在交往的男女。我们不能简单地告诉孩子性爱不好，或者说你不可以有性关系，而是要告诉他们性关系是属于夫妻的，获得这个身份和地位你才可以进入性关系，你才可以拥有它。在亲密的男女之间会有冲动，但是要知道怎样管理好自己的身体，要彼此尊重对方。如果对方真的很爱你，他会管好自己的身体，不会越界。你若真的爱对方，也会管好自己的身体，不会越界。

渴望美好的爱情并没有错，但俗话说得好：“什么季节开什么花”；如果中学时代就急于品尝“爱情”的甜蜜，可能会终生咀嚼后悔的苦果。早恋弊大于利、失多于得，一件事情我们应不应该做，值不值得去做，衡量一下利弊和得失才可以做出决定。

十六七岁是多么美妙的年龄！孩子们应该把握好这妙龄时光，去做你们这个年龄该做的事情，心中有爱不轻易去爱，守住那份青春的纯真。

11. 孩子有社交障碍怎么办

每一个人都需要有人和他开诚布公地谈心。一个人尽管可以十分英勇，但他也可能十分孤独。

——海明威

社交障碍是对身边周围、社会上的一些人际关系表现出一种拒绝、反感的行为，甚至情绪容易激动或者自闭不说话等现象。每个人都有社会性需要，社会交往是人与人之间建立关系的必要方式，如果一些行为出现异常，则要引起家长的重视。此外，在新媒体时代，家长如果发现孩子不愿出门，放学后只喜欢宅在家里上网，就要注意孩子会不会因过度使用社交网络而导致社交障碍。

调查显示，由于家庭环境、生活方式等的影响，中国社交障碍人群的数量出现逐年增加的趋势，其中，社交障碍人群中以青少年为主，对青少年的学习和发展不利。① 存在社交恐惧的人一般表现为：害怕与人交往、有暴力倾向、抑郁倾向等。社交恐惧症的"怕人"，不是害怕别人会损害其躯体，伤害其生命，而是误以为在与人交往时自己的精神或心理方面会受到这样或那样不利的"影响"，因此回避社交，具体表现形式复杂多样。我们先看一个案例。

案例②

据英美等国的多项调查显示，在社交媒体伴随下成长的年轻一代不乏网络社交达人，但更多的人却不爱出家门，缺乏社交能力，有的甚至"不敢接电话或应门"。19 岁的英国姑娘伊娃・麦克唐纳曾过度沉迷社交媒体，以至于无法在现实生活中结识新的朋友。她对《每日邮报》记者表示，"我的社交能力很差，因此故意把自己和其他人隔离起来，这样就不必与任何人交流。我甚至从不接听电话或应答门铃，因为脑海里总有一个声音告诉我，人们在了解我之前会对我评头论足。"

---

① 徐晔华. 高中生社交障碍的原因思考[J]. 天津教育（下半月），2018(10)：188.

② 青少年过度使用社交网络或导致社交障碍[EB/OL]. http://www.xinhuanet.com/world/2016-04/02/c_128858522.htm，2020-07-10.

案例反思

案例中的伊娃患的是因过度使用社交网络而导致社交障碍，当今，青少年因过度使用社交媒体导致社交障碍乃至抑郁已经成为一个全球性的问题。伦敦大学国王学院的研究人员对 1000 名 12～17 岁的青少年进行了调查，发现其中 60%的人有孤独感，三分之一的受调查者感觉自己在朋友中不受欢迎，甚至有 5%的人说，放学后从未与小伙伴一起玩耍。① 很多孩子正被各种各样的人际交往问题困扰着。他们觉得：在与同学的交往中，很多事情让自己觉得难办；该如何与新同学、新老师打交道；该如何控制自己的情绪，避免与老师、同学时常发生冲突；被批评了，却不知道自己做错了什么，该如何正确地和老师沟通……

此外，英国学术期刊《性格与个体差异》的一篇论文认为：由于社交媒体用户不太可能对自身行为和周围世界进行反思，因此容易形成自恋、缺乏安全感、强迫症等负面人格。②

造成青少年出现社交障碍的原因有很多，最关键的就是自身性格上的问题，存在社交障碍的青少年普遍存在一些性格上的弱点，如胆小、懦弱、害羞、内向、敏感、自信心不足、爱面子、争强好胜，过于关注别人对自己的看法、评价，对批评特别在乎、特别敏感等。同时，青少年步入青春期后，心思会越来越缜

---

① 孩子，我该怎么和你沟通[EB/OL]. https://www.sohu.com/a/216863013_185148，2020-07-10.

② 孩子，我该怎么和你沟通[EB/OL]. https://www.sohu.com/a/216863013_185148，2018-07-10.

密，随着接触的事物越来越丰富，孩子们的想法也会迥然不同，有些人敏感、自卑，在看待事物时就会朝阴暗面出发，随之而来的就是对自己更加的不自信以及对世俗的厌恶和痛恨。因为不适应所以更不愿接触这些，甚至当自己不得不接触的时候还故意逃避，这样的心理其实就是社交障碍的一种表现。

策略与建议

作为父母，我们该如何帮孩子克服交往障碍，让孩子在人际交往中做到游刃有余呢？

(1) 帮助孩子克服害羞。害羞是青少年中普遍存在的心理障碍，家长可以选择在家里或者安静的地方坐下来与孩子进行沟通交流，了解其内心的变化帮助孩子克服害羞感。交流过程中要注意多鼓励，少批评，提高害羞孩子的自信心，并引导他们参加班上和社会上的集体活动，特别是参加有许多同学参与的文体活动。这样一方面可以让孩子枯燥的日常生活变得丰富多彩，更重要的是让孩子通过与同学的自然接触而缓解自我感觉被他人关注的焦虑和紧张，进而达到顺其自然与他人接触的目的。此外，人总有长处和不足，当孩子出现心理不平衡时，引导他们善于倾诉，使他们适当地转化。鼓励孩子不要害怕让别人失望，我们在任何时候、任何情况下，都不可能让每个人满意。所以，只要我们尽到了自己最大的努力，就不必介意别人怎么想、怎么看。只要我们不患得患失，放开对自己过分地要求，就可以大方地和同学交往了。

(2) 多带孩子出去接触陌生人。孩子的辨别能力也是在不断接触不同的事物中提高的。家长可以在空闲的时候多带孩子出去走走，接触不同的陌生人，并教会他进行简单的问候，培养他的辨别能力。千万不要单独留孩子在一个陌生的环境里，这样如果发生不好的事也会造成他内心的阴影，而不愿意与他人交流。有的青少年不敢看生人、老师和同学的眼睛，针对这种情况，可以让他先和父母交谈并注视他们的面部，没有恐惧感后，再和老师交谈，这样循序渐进，最后达到能和陌生人交谈的水平。同时，父母要为孩子营造良好的家庭氛围，孩子害怕交流，可能是因为家庭环境不和谐，比如父母爱吵架、家庭不和睦、矛盾多，爱使用暴力解决问题等，这些都会被孩子看在眼里，久而久之，造成孩子内心缺乏安全感，从而拒绝交流。

(3) 提升孩子的自信心。我们知道，世界上没有十全十美的人，也就是说，每个人都有不足之处，所以既不要无限夸大别人的优点，也不要随意放大自己的缺点。其实你在别人的眼中也是非常不错的，只要我们积极与他人结交，那么你也会是其中非常优秀的一员。有时人的羞怯不完全是由于过分紧张，而是由于知识领域过于狭窄，或对当前发生的事情知道得太少。因此，家长应在日常生活中培养孩子的自信心，平时加强孩子对文学、音乐、艺术等方面的学习，多看课外书籍、报刊，广泛地吸收各方面的知识，有了知识会帮助他树立自信，克服羞怯。研究表明：越自信的孩子在人际交往中越受欢迎。

(4) 互联网时代帮孩子趋利避害。互联网本身就是一把“双刃剑”，有好就有坏。网络创造了一个虚拟的新世界，在这个新世界里，每一名成员都可以超越时空的制约，十分方便地与相识或不相识的人进行联系和交流，讨论共同感兴趣的话题，由于网络交流的“虚拟”性，避免了人们直面交流时的摩擦与伤害，从而为人们情感需求的满足和信息获取提供了崭新的交流场所。现实生活中觉得交往有压力的孩子，网络会给他们一个新的交往空间和相对宽松、平等的环境。但许多青少年沉溺于网络虚拟世界，脱离现实，不仅影响了人际交往能力，也使学业荒废。因此，家长要多关注孩子，让孩子养成良好的上网习惯，健康地成长。

人生哲学

影响一个孩子成长的关系有很多种，人际关系的发展对青少年影响最为突出，青少年如果没有一个良好的人际关系，学习、成长、发展等方面都会受到负面影响。而人际交往技能却难以教授，只能在青少年时期自然而然地学会。

青少年时期的孩子处在一个不上不下的位置，一方面，他们已经不能再像小时候那样依靠父母；另一方面，他们也没有办法像成人一样有独立能力，可以真的去做一些什么决定。这个时候，孩子最需要的是朋友的帮助和同伴之间的互相照应，他们需要有自己的小团体，有自己的一群好朋友，最不能缺的是人际交往能力，因此，父母要重视并注意观察孩子是否有社交恐惧倾向，及时审视自己对待孩子的行为是否恰当，并尽早纠正不恰当的教育行为。

三、人生不能无师——师生交往篇

在孩子求学时期，除了父母，老师是他生活中见到的最多的人，也是对他影响最深的人。老师和学生之间的关系总会因为各种原因发生很多变化，家长该如何帮助孩子处理好师生之间的关系呢？

师生关系是指教师和学生在教育教学过程中结成的相互关系，包括彼此所处的地位、作用和相互对待的态度等。它是一种特殊的社会关系和人际关系，是教师和学生为实现教育目标，以各自独特的身份和地位通过教与学的直接交流活动而形成的多性质、多层次的关系体系，良好的师生关系不仅是顺利完成教学任务的必要手段，而且是师生在教育教学活动中的价值、生命意义的具体体现。①

笔者曾经不止一次地听学生家长说："老师，我们平时工作比较忙，孩子就交给你了，你怎么教育我都没意见。"由此可见，很多家长都认为孩子既然已经上学了，教育的问题就应该全由

---

① 全国十二所重点师范大学联合编写. 教育学基础[M]. 北京：教育科学出版社，2013.

老师负责。但是，老师教的永远是课本的知识，而课本以外的，是父母育的。有了老师的教，父母的育，教育这件事才存在。孩子从出生到幼儿园、小学、初中、高中，接触时间最长的还是父母，家庭对他的影响才是最重要的。

1. 做师生关系的“润滑剂”

课堂的一切困惑和失败的根子，在绝大多数场合下都在于教师忘记了上课是儿童和教师的共同劳动；这种劳动的成功，首先是由师生之间的相互关系来决定的。

——苏霍姆林斯基

引入

师生关系是教育过程中最基本、最重要，同时也是最经常、最活跃的人际关系，不仅是知识传授的重要条件，也是学生人生初期人际交往的重要组成部分。和谐的师生关系不但是教育教学活动有效进行的重要保证，而且有助于学生自我概念的形成，有利于学生的心理健康和个性发展，有利于学生人际交往能力的发展。

古人云：亲其师，信其道。父母应在孩子面前树立老师的威信，让老师在孩子的心目中保持良好的形象。如果父母和老师的隔阂是一条线，那么，孩子和老师的隔阂便是一道沟。和谐稳定的师生关系能让学生在校生活更加轻松，而不和谐的师生关系则有可能让孩子承受恐惧、抑郁等心理体验，甚至诱发孩子厌学、逃课等行为。我们先看一个案例。

案例[①]

一位老同学有一个8岁的女儿，叫欣欣，自从欣欣上了小学之后，我和老同学见面时听到最多的，总是一些诸如学校的功课太多，孩子写作业时间太长，老师的惩罚手段太过严厉等不满和牢骚。其中，她对欣欣的数学老师微词最多。当时我就有些隐隐的担心，劝说她要积极地去找老师沟通，千万不要把这样的情绪传染给孩子，虽然说可能老师的确在有些问题上处理得不够好，但是，如果家长把这种情绪传染给孩子，而孩子又无法改变和摆脱那样的环境，反而会对孩子产生消极的影响，进而减少孩子对学习的兴趣。

① 师生关系影响孩子发展，两招教你做个成熟的家长[EB/OL]. http://blog.sina.com.cn/s/blog_143b48dc30102vg4u.html,2020-05-06.

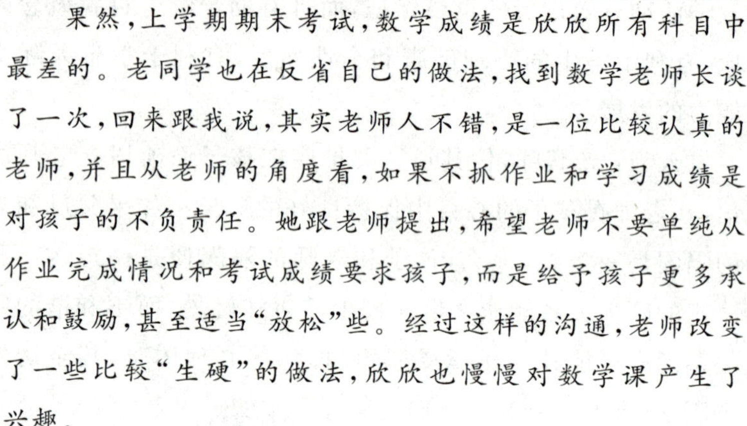

果然，上学期期末考试，数学成绩是欣欣所有科目中最差的。老同学也在反省自己的做法，找到数学老师长谈了一次，回来跟我说，其实老师人不错，是一位比较认真的老师，并且从老师的角度看，如果不抓作业和学习成绩是对孩子的不负责任。她跟老师提出，希望老师不要单纯从作业完成情况和考试成绩要求孩子，而是给予孩子更多承认和鼓励，甚至适当“放松”些。经过这样的沟通，老师改变了一些比较“生硬”的做法，欣欣也慢慢对数学课产生了兴趣。

案例反思

我们都知道，当师生关系良好、融洽时，学生就会对老师持肯定的态度和情感，欣赏老师，从而能更好地接受新知识，提高学习活动的效率。教学相长，学生这种强烈的学习愿望也会激励老师的教学，激发老师对教学的热情和积极性。反之，如果师生之间情感对立，甚至相互之间有敌意，就会对教学造成消极的影响。

在教学过程中，绝大多数学生会把与老师的情感淡化到老师所教的学科上去。调查表明，学生对学科的兴趣和学生对老师的评价存在正比关系，学生对老师评价越高，他们对相应的学科兴趣越大。反之，评价越低，对学科的兴趣越小。只有学生信任老师，才会觉得学习是快乐的、愉悦的。只有尊重老师的孩子，才能更好地接受老师的教导和影响，老师的教育才有可能对孩子有帮助和提高的作用，只有良好的师生关系才能促进学生的学习积极性和主动性的发挥。因此，家长要做师生关系的“润滑剂”，帮助孩子建立良好的师生关系。

孩子还是未成年人，很容易受父母的影响，如果父母在孩子面前不尊重老师，说老师坏话，孩子又如何尊重老师呢？案例中欣欣的数学成绩显然是因为受到了妈妈对老师态度的影响。当妈妈在说老师坏话的时候，孩子往往就会对这个老师甚至这个科目产生偏见，影响孩子的学习兴趣，从而影响孩子的成绩。也就是说，妈妈没有任何恶意地说一句老师的坏话，也有可能妨碍孩子的学习。欣慰的是，欣欣妈妈能及时反省，主动和老师沟通，化解了误会，并提出了自己的建议。

策略与建议

作为父母，我们要从以下方面做好孩子与老师关系的“润滑剂”：

(1) 在孩子面前维护老师的形象。父母是孩子的一面镜子，需要时刻注意自己的言行，最好能为老师在孩子心目中的印象加分，当孩子向你说起老师的缺点错误时，你一定要尽力去维护老师在孩子心中的良好形象，即使自己对老师也很有意见，也不要当着孩子的面说长论短，而应该诚恳地与老师交换意见。在孩子面前，你还是要从老师的立场替老师讲话，说老师对孩子的批评教育是对孩子的严格管理，是对孩子的爱。如果家长觉得老师的做法有任何不妥，可以直接找老师沟通，在第一时间把问题解决掉。然后再根据具体情况调整教育方式

方法。这样的话，对于老师、家长、学生三方都是有益的。

（2）有时父母要做老师和孩子的和事佬。如果孩子不喜欢哪位老师，父母先主动与这位老师沟通，虚心倾听老师的意见，包括批评孩子及自己的意见。假如沟通时老师说了好多孩子的缺点，父母对孩子说话时一定要讲究智慧和艺术，老师表扬孩子、鼓励孩子、期待孩子的话，一定要讲给孩子听，孩子的缺点错误，就不要说得那么直白，而要把那些话变成对孩子的期待，是孩子努力的方向！如有的父母去学校开家长会，听了一堆孩子的缺点回来，儿子问："老师又批评我了吧？""没有啊，老师还表扬你了，说你比前段时间更懂礼貌了。"其实老师并没有表扬孩子，孩子一听父母的话，顿时对老师产生了好感："老师连我这么小的变化都发现了，看来老师很关注我，我不能让老师失望。"于是孩子渐渐喜欢上这位老师，学习的效果也在不知不觉中提高。如果有孩子觉得老师不喜欢自己，父母还可以培养孩子的同理心，引导孩子思考："如果你是老师，你喜欢什么样的孩子呢？"帮孩子思考清楚老师不太喜欢自己的原因，然后孩子才会在各个方面适应群体生活，消除老师不喜欢自己的想法，愉悦地学习和生活。

（3）平时和老师多沟通。作为父母，我们要定期去学校走访老师，尤其多和班主任沟通，如果见不到其他老师，孩子对其他老师的关注，喜欢的话和心里想法一定要告诉班主任。班主任一定会把这样良好的信息传递过去的。对学生而言，被人欣赏特别是被老师欣赏无疑是一种幸福，是一种被点燃的信任，也许上课老师一个喜欢关注的眼神就会对孩子有意想不到的

激励作用。曾经有个孩子学习不好，老师都不认识他，有一次，英语老师偶尔同他说了一句话，他认为老师喜欢他，后来父母通过和班主任的交流，把孩子对英语老师的喜欢告诉了班主任，在以后的学习中这个孩子的英语学得越来越好。

人生哲学

师生关系作为学生的学习环境和成长氛围的构成因素，对学生的影响是全面而深刻的。良好的师生关系，不仅能促进学生更好地成长，同时也向学生提供了一种人际关系的榜样，成为学生今后建立人际关系的一种模式。作为师生关系“润滑剂”的家长，一方面，要善于挖掘孩子的优点和闪光点，并有效地传递给老师；另一方面，还要在孩子面前树立老师的良好形象，让孩子信任和尊重老师。同时，也身先示范地教会孩子如何处理人际关系。

2. 培养孩子欣赏老师的优点

人非生而知之，孰能无惑？惑而不从师，其为惑也，终不解矣。

——韩愈

引入

孩子上学期间，会遇到各种各样的老师。由于有的老师要升职换岗位、有的要辞职、有的要休产假，还有些老师适合教低

学段或者适合教高学段等原因，经常出现换老师的情况，这对学校来说，也是太正常不过的事情了。要想师生关系好，父母先要培养孩子欣赏老师的优点。我们先看一个案例。

案例[①]

在孩子上二年级时，换了一位比较严厉的班主任孙老师。第一周数学作业，布置孩子测量十个物体的长度，并把测量结果记录下来。孩子回家后，仔细测量了书、本子、铅笔等十个物体，但孩子不知道做记录，只是把这十个物体装进了书包里，认为这样就完成了任务。

周一中午放学，孩子回家一看见妈妈就号啕大哭。妈妈慌忙问明原因，原来老师因为没有看到孩子的记录，认为孩子没完成作业，便批评了孩子。孩子很委屈，认为自己做了作业还受批评。妈妈想了想，告诉孩子说："你确实做了作业，但没按要求做，自己没有理解好作业的要求，所以就要承担责任，接受批评。"孩子听后仍然委屈地说："在受批评的同学中，老师批评我的声音最大。"妈妈听出了孩子的话外音，是怕老师对自己意见最大，怕老师不喜欢自己。于是郑重地解释说："因为老师对你的期望最大，老师认为你比别的孩子应该做得更好，你更有能力。这说明老师更相信你的能力，更关心你的成绩。一句话，老师给你的关爱更多。"

① 培养一个健康快乐的孩子[EB/OL]. http://blog.sina.com.cn/s/blog_4bac31260100emap.html,2020-05-06.

妈妈的解释让孩子破涕为笑，妈妈趁机对孩子说："你的老师有很多亮点，你平时要仔细观察老师，把老师的亮点记录下来，妈妈要偷偷地跟她学习呢。"从此孩子一放学就向妈妈报告她的发现："妈妈，孙老师的辫子特漂亮，你也留长长的发，扎个大辫子吧！""妈妈，孙老师的歌唱得可好了，比你唱得好多了！""妈妈，我可喜欢上数学课了，孙老师总是边唱歌边进课堂，真有意思！"……

孩子对老师的亮点发现得越多，孩子对老师的喜爱就越多，孩子对老师所教的课的兴趣就越浓。现在，孩子不但认真完成老师布置的作业，还主动找奥数题做，每天坚持做三道，有时兴趣正浓，能一口气完成10多道奥数题。

更让人兴奋的是，孩子已逐渐学会发现并欣赏他人的优点。到现在为止，孩子已连续换了多位老师，每一位老师在孩子眼里都是美好的：数学老师特善良，常常给在校的学生开水喝；语文老师脾气特好，对不完成作业的学生也常常是温柔的批评；英语老师知识渊博……孩子越来越爱老师，越来越爱学校，越来越爱学习。

案例反思

我们知道师生关系和谐稳定能让孩子的校园生活更加轻松，不和谐的师生关系除了影响学科成绩外，还可能带给孩子恐惧、抑郁等不好的心理体验，甚至诱发厌学、逃课等行为。孩子和老师的关系，很多时候受家长的影响。很多父母喜欢在家

里讨论工作，讨论婆媳关系，讨论亲朋好友，一味地抱怨，挑别人的毛病……如果孩子生活在一个只知道抱怨的家庭环境中，也容易对老师吹毛求疵，总是觉得这里不好，那里不好，整天觉得老师不喜欢自己，针对自己。

案例中的妈妈做得很好，首先，她教孩子正确归因，并主动承担后果，“你确实做了作业，但没按要求做，自己没有理解好作业的要求，所以就要承担责任，接受批评。”其次，她在孩子面前先肯定老师，不仅解除了孩子对老师的误解，同时还对孩子提出了期望，“一句话，老师给你的关爱更多。”最后，她教会了孩子寻找并欣赏他人的优点，她用“妈妈也想学”引导孩子主动发现老师的亮点并告诉她，不知不觉孩子越来越爱老师，越来越爱学校，越来越爱学习。同时，孩子也发现了其他老师的优点，养成了接纳他人、悦纳他人的习惯，这样，即使换老师也不受影响。

策略与建议

父母不仅自己要配合老师做好孩子的教育工作，还要时刻关注孩子的思想苗头。当孩子回到家埋怨老师偏向谁、比较喜欢谁、不喜欢自己的时候，父母要及时捕捉孩子的负面思想苗头。因为如果任这种思想苗头发展，有可能让孩子戴着有色眼镜去看这位老师，慢慢地出现思想偏向。

(1) 教会孩子爱和感恩。这世上没有很多完美的老师，但一定有很多值得信任的老师。培养孩子对老师的爱和欣赏，实际上就是培养了老师对孩子的爱和欣赏。懂得爱和感恩的孩子容易发现老师的优点，感激老师的付出。一个懂得感恩的孩子会帮老师整理讲台，在遇到老师的时候会真诚地打招呼，在老师讲课的时候会专心听讲。

(2) 和孩子一起欣赏老师的优点。我们要明白老师和常人一样，需要欣赏。当孩子说某某老师不好的时候，不妨和孩子一起谈论一下这个老师。哪怕像鸡蛋里挑骨头一样，也要慢慢找出这位老师的一些优点，让孩子去感悟。也可以让孩子找一张纸，列出老师的几个优点，如老师批改作业态度认真，老师板书仔细明了……然后让孩子给老师做一张感谢卡，感谢老师的这个优点带给自己的收获，认真批改作业能让自己认识到问题所在，板书仔细能让自己抓住重点。父母在和孩子一起找寻老师优点并且制作感恩卡片的过程中，孩子就会从内心里重新认识老师，并且收到赞美的老师会对孩子持有另一种态度，孩子就更容易发现老师身上的其他优点，只是自己以前没有发现罢了。

(3) 教孩子学会换位思考。遇到问题时，父母可以先让孩子站在老师的角度上去想这些事情，也就是让孩子具有同理心。同时，父母也需要有这样的同理心，因为很多父母往往会因为孩子的几句话而责怪学校和老师。所以大家都应换位思考，孩子要站在老师的角度上看，父母不仅要站在孩子的角度上看，还要站在老师的角度上去看问题。学会换位思考，有了

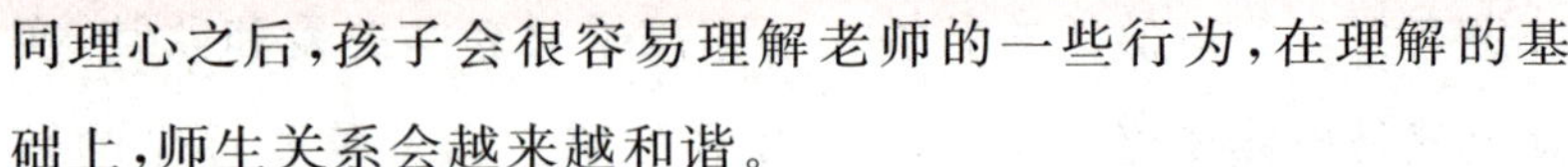

同理心之后，孩子会很容易理解老师的一些行为，在理解的基础上，师生关系会越来越和谐。

人生哲学

爱是相互的，爱是可以传递的。欣赏他人，愉悦自己。日常生活中，我们也该这样，学会欣赏他人的优点，不要拿他人的错误惩罚自己。“三人行必有我师焉，择其善者而从之，其不善者而改之。”一个人如果从小学会发现他人的优点，并学习其优点，他一定会成长为一位优秀的人。

3. 教孩子正确看待老师的批评

一个人的心灵隐藏在他的作品中，批评却把它拉到亮处。

——伊本·加比洛尔

引入

很多父母都有这种体会，如果孩子在学校受了表扬，见到父母时就会很开心，心情特别好，而挨了批评则有可能垂头丧气。虽然父母都希望孩子的人生道路上总有鲜花、掌声与喝彩相伴，但坎坷、挫折和失利也会不期而遇。多数父母都喜欢听到孩子受表扬的佳音，而不愿听到孩子被批评的消息；希望老师采取鼓励式教育，而不是挫折式教育。如果孩子能正确看待老师的批评，父母就不会如此纠结了吧？

案例[①]

维维一放学就对来接他的妈妈抱怨说："我真是越来越讨厌英语老师了。""为什么？"妈妈问道。维维生气地回答："他今天又批评我了，我觉得他肯定不喜欢我，所以故意找我的茬。"妈妈不屑一顾地说："老师怎么会无缘无故地批评你？肯定是你做错了什么而不自知吧！""我什么也没有做，他就是针对我，你为什么不相信我呢？""算了吧，我还不知道你，老师没让我去开家长会已经是万幸了。""我不跟你说了。"维维听后生气地自己朝前走了。晚上吃饭也不开心。

晚饭后，爸爸来到维维的房间，他问道："听说老师今天冤枉你了？""对啊，根本不是我的错。"维维不满地回答。"那究竟是怎么回事呢？"爸爸问道。"××在我前面不好好听课，晃来晃去，我看不到黑板，就踢凳子让他不要乱晃，结果挨了批评。""原来这样啊，你没有向老师解释吗？""解释了，老师也批评××了，其实我也有错……"几分钟的聊天，孩子的心结打开了，也不难过了。

案例反思

现在独生子女较多，孩子们都是在夸赞中长大的，心理承

① 孩子在学校被老师批评了怎么办？妈妈可以这样说[EB/OL]. https://www.sohu.com/a/121650530_572372? spm=smpc.author.fd-d.18.1585031848201m7NTkp4,2020-08-16.

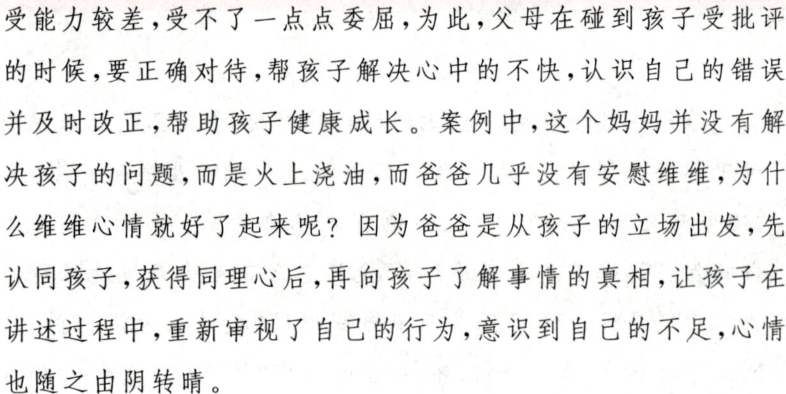

受能力较差，受不了一点点委屈，为此，父母在碰到孩子受批评的时候，要正确对待，帮孩子解决心中的不快，认识自己的错误并及时改正，帮助孩子健康成长。案例中，这个妈妈并没有解决孩子的问题，而是火上浇油，而爸爸几乎没有安慰维维，为什么维维心情就好了起来呢？因为爸爸是从孩子的立场出发，先认同孩子，获得同理心后，再向孩子了解事情的真相，让孩子在讲述过程中，重新审视了自己的行为，意识到自己的不足，心情也随之由阴转晴。

老师批评学生是很正常的事情，但是并不可怕，可怕的是没有正确对待孩子的烦恼，父母的态度往往会影响孩子的判断方向，决定孩子今后的成长。

因此，日常生活中，家长要培养孩子学会正确地对待批评：受到批评时，先虚心地听取意见，认真考虑一下这是不是自己的缺点、毛病，如果是，也不要灰心丧气，应该动脑筋，找出原因和改进的方法，及时纠正；如果不是，也要加以重视，经常提醒自己注意。家长还要告诉孩子，受到表扬时，要想到自己是不是真的值得表扬，有哪些长处，好在哪里，以后如何继续保持。同时要想想自己身上还存在哪些不足的地方，需要改进，千万不能狂妄自大，觉得自己了不起。

总之，受表扬要谦虚，受批评要勇敢接受，态度要诚恳，不管是表扬还是批评，都应让孩子表示感谢，因为这是老师对他的关心。

策略与建议

那么，父母该如何引导孩子正确看待老师的批评呢？

(1) 要支持学校的各种教育举措。

教育的方法多种多样，有赏识教育也有批评教育，恰当的赏识教育可以给学生极大的促进，但恰如其分的批评也能促使学生改正错误。没有批评的教育不是完整的教育，如果只听见表扬，听不见批评，那只会扭曲学生的心灵，不利于孩子健康成长。因此，父母应对学校和教师对孩子的各种教育举措给予足够的支持和关心，不要断然排斥。

(2) 要维护教师的形象。

在日常教育教学中，我们常常发现一些父母溺爱孩子，不能客观地看待老师对孩子的批评，觉得孩子什么都好，孩子犯了错误，就贬损老师形象，怪老师处理方法不当；孩子成绩差，怪老师不认真教；孩子评不上“三好学生”，怪老师偏心等，这些言行对老师的威信产生不良的影响，也将助长孩子对老师的抵触情绪，并对孩子的人格造成负面影响。

孩子受了批评，会和同学在背后议论对老师的意见，家长应该劝止孩子们的背后议论，在调查之后客观地表态，实事求是地分析问题，自觉维护老师的威信，并鼓励他们有问题与老师当面交谈。当然，也有的父母一听说孩子在学校不听老师的话或顶撞老师，就不分青红皂白给孩子一顿训斥，也不给孩子讲明道理。这既不能使孩子从中受到教育，也不能缓解师生之间的矛盾，还会增加孩子对老师的抵触情绪。

(3) 积极引导自己的孩子。

我们要通过具体事情教会孩子如何处理问题。如果发现孩子受批评后神情沮丧，父母可以先通过共情来抚慰孩子，可以用这类语句，如“怎么了？你看起来好像不太开心……”“你一定很生气吧？”“我理解你现在的感受。”等，然后让孩子描述事情的经过，提出解决方案，家长再和孩子一起探讨解决方案的可行性，如“那确实不是一个好的方法，其实你可以……”这样，下次孩子遇到类似情况就知道如何处理了。

如果老师存在教育方法问题，父母也不能跟着孩子情绪化，更不要当着孩子的面说长论短。父母应该教育孩子淡化老师的批评方式，强化老师批评的目的，孩子才可能受到教育。如果老师批评错了，家长应冷静下来，不仅要听孩子的陈述，也要向其他同学和老师了解情况，并及时和教师交换意见，切不可头脑发热，在孩子面前发泄自己对教师的不满。对于孩子的一些小毛病，教师批评后，父母可以让孩子主动向老师承认错误，鼓励孩子主动找老师沟通，这样才能杜绝下次犯类似错误。如果孩子不善于面对面地和老师交谈，有些问题当面也不好意思讲，可以让孩子通过网络形式和老师交谈。

总之，作为父母，对待老师给予孩子的批评，要树立正确的教育理念，维护老师的威信，采取审慎处理方法，引导孩子健康成长。

人生哲学

孩子在校期间犯了错误，老师发现后进行批评教育，这是很正常的事情。但现在很多父母在孩子教育上一味地表扬和鼓励,殊不知,这其中对孩子过度或不恰当的表扬和鼓励会使孩子逐渐产生唯我独尊、虚荣心强、好大喜功的特点,导致他对批评极为敏感,无法接受批评。实际上,在成长过程中,人人都会因为犯错误而受到批评,这是成长的代价,老师和父母的批评应该是伴随着孩子健康成长的一剂苦药。

作为父母,我们应该善于接受孩子的“犯错”,积极与老师配合,帮助孩子学会“善待”批评,这样,批评就如同表扬一样,成为鼓励孩子前进的春风,而且还起着表扬难以起到的警示作用。

4. 老师不是万能的

爱孩子,这是连母鸡都会的事,而教育孩子,却是人所独有的。

——高尔基

在以前,对于人民教师,人们洋溢着太多的赞美:燃烧的蜡烛、太阳底下最光辉的职业、人类灵魂的工程师等,而习惯把教师的职业在理论上、言辞上人为抬高到某种高度。一直以来,舆论有一种并不正确的导向:教师要奉献,要牺牲自己成就别人,燃烧自己,照亮别人,默默无闻,无怨无悔。教师也是凡人啊!和大家一样,都是为了工作。

案例

常常听很多管不住孩子的父母说："等到了学校就好了，自然会有老师管着他！"

还有的父母去开家长会，回来说自己一直在睡觉，老师废话太多了……

"老师，我们父母的话孩子根本不听，我是一点办法也没有，他就听你们老师的，你们要多花点时间教育教育他。"

"老师，我孩子中午都不咋吃饭，你能不能帮我盯着让他好好吃饭啊。"

"老师，我家孩子放学老是不按时回家，能不能麻烦你说说他，他就听你的。"

"老师，我们平时工作比较忙，孩子的学习就全靠你了。"

"老师，我孩子平时都不怎么和我说话，你帮我和他聊聊天吧。"

"老师，我孩子现在只知道玩，你能不能帮我多管管啊。"

"老师，我家孩子反应慢，你能不能给他多讲讲，上课讲慢点 。"

"老师，我家孩子最近不想学习，怎么办?"

"老师，孩子为啥总爱逃课，你帮我好好教育教育。"

……

案例反思

每次听到或看到这样的话，我总是在为那可怜的孩子担忧，遇见这么不负责任的爹妈，把自己孩子的一切交给老师，从不反思自己的责任，这孩子该有多可怜啊！

确实，你自己生的孩子，你都不管，还指望老师帮你管？正所谓“养不教，父之过”，连古人都能意识到教育孩子最重要的责任人是父母。孩子不是老师的，而现在还有很多家长觉得教育孩子是老师的事情，自己只负责养。老师更多的只是教给孩子课本知识，一个再好的老师都无法代替父母在孩子心中的地位，也不可能替父母担负所有的职责，健全的人格、良好的性格、坚强的意志、长久的幸福感、读书的兴趣、上进心……这些课本以外的，又是孩子成长中不可缺少的东西需要的是父母的陪伴和教育。

很多父母觉得自己管不住孩子，交给老师就万事大吉了。而且，在很多父母眼中，家教就是给孩子找个家庭教师辅导功课，根本就没觉得自己有什么责任。其实，孩子的自控力、专注力和求知欲这三种能力直接决定了上课45分钟的效果，而这三种能力的培养，是需要家长从小就培养的，靠老师短时间的培养是很难达到的。

好父母胜过好老师，父母永远是孩子的第一任老师，也是孩子耳濡目染学习的示范和榜样。一个好的老师，或许能够影响孩子三年五载，但是父母的影响力却是一辈子的。

所以，作为父母，我们不要把老师当成万能的，孩子有什么需求都推给老师，而应成为合格称职的家长，担起该担的责任，陪伴孩子健康成长。

策略与建议

老师再好再负责任，也不可能做到以下几个方面，这些需要家长亲力亲为。

(1) 培养孩子良好的品格。

一个人无论成绩好坏与否，品格是关键！道德可以弥补能力的缺陷，而能力却难以掩盖道德的缺陷。家长可以在日常生活中有意识地培养孩子坚强、勇敢的品格，积极乐观的生活态度，善良、宽容的品质，让孩子成长为有责任、有担当，懂得感恩，诚实守信的人。孩子的确是通过观察父母的具体行为，来学习如何待人接物和为人处世的，这是一个永远不变的真理。因此，父母在这方面要成为孩子学习的榜样。

(2) 让孩子养成良好的习惯。

一个好习惯的养成并不是一朝一夕的事，一旦养成了坏习惯，就会使你受害终生；相反，养成了良好生活习惯、学习习惯以及行为习惯的孩子则会受益终生。

当你百思不得其解孩子为什么有那么多坏毛病时，最好先检讨一下自己，也许就会找到根源所在！我们不难发现，一个热爱学习，听话懂事，能安排好自己时间的孩子，他的父母一般也是积极上进，有良好生活习惯的。试想，如果一个家长自己在打麻将或玩游戏，却督促孩子去认真读书，孩子会愿意去吗？你自己都做不到的事情却让孩子认真去做，孩子能不逆反吗？

所以，一个在麻将桌旁、电视机前长大的孩子肯定和爱看书的家长教育出来的孩子，差别很大。

(3) 注重孩子的情商教育。

情商主要是指人在情绪、情感、意志、耐受挫折等方面的品质。有些孩子身上常表现出来的任性、抱怨、做事不顾及他人以及不爱惜自己的玩具等行为都是情商不高的表现。父母在关注孩子成绩的时候，更要注意他是否有良好的人际关系，是否能管理好自己的情绪，是否有坚强的意志、抗挫折的能力，是否有克服困难的毅力和恒心。一个情商高的孩子，不可能是个没见识、没教养、自私、冷漠、愚笨、粗鲁的孩子。老师更多地教给孩子课本知识，情商教育只能由家长从小在日常生活中进行，如让孩子从小在逆境和挫折的情境中磨炼意志，增强心理承受能力。人的一生要遇到很多困难和挫折，不管有多么痛苦，都要帮助孩子正视现实，在各种失败与挑战中成长为具有生存力和竞争力的人。

(4) 给孩子长久的幸福感。

孩子最需要的是爱和安全感。一个人所在的原生家庭对他一生的影响都很大，和睦的夫妻关系，和谐的家庭环境，在充满爱的环境里长大的孩子，性格好，身体好，这种家庭环境中的孩子学习自觉，还会非常自信，有爱心，注定要比家庭不健全，或者整日吵闹的家庭里成长的孩子心里阳光得多，而这是除了父母之外的任何人都给予不了的！

(5) 确保家庭教育与学校教育的协调一致。

教育不是万能的，教师不是万能的，教学也不是万能的。

教育总有其难以触及的地方，教师总有其德行与知识上的某些缺陷。所以，家庭教育要与学校教育一致，有效促进孩子的学习和做人。父母要主动与老师联系，了解孩子在学校的缺点，并督促孩子尽快改正；孩子在家里的毛病，父母应及时向老师反映，不要隐瞒或护短。在教育孩子的步骤方法上，家长可征求老师的指导和建议，孩子的健康成长离不开老师和家长的共同努力。

人生哲学

一个好的老师，或许能够影响孩子三年、五年，但父母的影响力却是一辈子的！你的孩子对于老师而言，只是他的学生之一，对于你而言，却是你的整个世界。老师可以有一届又一届的学生，而你只有一个孩子，还永远不能“抛弃”或“退货”！教育孩子是老师需要履行的责任，却是父母应尽的义务，教育好自己的孩子，永远是父母最重要的事业。

如果你的孩子任性、霸道、脾气不好，你该反省了，家庭成员可以无条件地包容你的“小皇帝”或者“小公主”，社会只会视他（她）为熊孩子，如果你不教育你的孩子，社会就会狠狠教育你的孩子。

5. 当老师请家长时

要教育好孩子，就要不断提高教育技巧。要提高教育技巧，那么就需要家长付出个人的努力，不断进修自己。

——苏霍姆林斯基

引入

当孩子在学校出现问题需要父母配合时，老师会请家长。有些父母很反感被老师邀请，觉得很耽误时间，也增加麻烦，认为把孩子送到学校就是要交给老师管理的，怎么还总是请家长呢？那么，孩子对这件事是什么态度呢？很多孩子认为老师请家长是一件很丢脸的事情，因为他们觉得在自己违反纪律、成绩下降等情况下，老师就会请家长，所以，在孩子们的眼里，老师请家长就意味着“告状”，等来的或许是父母的失望、责怪，尤其是青春期的学生非常反感请家长，所以父母一定要慎重对待这件事，处理不当会直接影响孩子和老师的感情。

案例

这天，我刚一进教室学生就来向我汇报说：“庞亦飞又没有做家庭作业！”一听我的头就大了，这个庞亦飞是单亲家庭的孩子，母亲于几年前因故去世，他的父亲带着他艰难生活。因为他的父亲不识字，家里活计又忙，平时在学习上对他管教显得力不从心。可能由于这个原因，庞亦飞养成了做事懒散的坏毛病，学习态度极其不认真，经常不按时完成作业，学习成绩也非常差。这样恶性循环，学习越差越不爱学，越不爱学习成绩越差。我虽然几次与他的父亲谈过这件事，但效果总是不明显。这样下去可不行，我得再找庞亦飞的父亲认真谈谈。

下午，庞亦飞的父亲来到学校，我把他让进了自己的宿舍，这样说话方便一些。还没坐定，庞亦飞的父亲就急着问我："庞亦飞是不是又没写作业啊?"看来他早有心理准备。"哪儿啊!"看他一脸无奈的样子，我把到嘴边的话咽了回去，"是这样的，庞亦飞最近学习上挺有进步，看他学习劲头那么大，我就想给他补补课，把他以前落下的知识点给补上，可他手头又没有任何复习资料。我这才把您请过来商量商量，能不能给他买一本复习资料啊?"庞亦飞的父亲听我这么说，一下子高兴起来，"您是说真的吗？庞亦飞最近真的进步了吗?"他嘴上虽然这么问，可看表情明显已经相信了，既然如此，我就接着编下去："确实是进步了，不过他的基础太差，还得好好给他补补，只要把以前落下的知识都补上了，庞亦飞的成绩一定会上去的。""既然这样那就让您多费心了！资料买什么啊？我也不懂。要不您帮我给他买一本吧。"说着庞亦飞的父亲就要掏钱，我赶忙把他给拦住了："您先别急，我先给您看看，看合适了我给您先买回来，您再给钱。不过这以后您可得在学习上多关心关心庞亦飞。我也知道您家里家外一大堆事都是一个人忙，挺辛苦！可我们辛苦为了什么呀？还不都为了孩子吗？您说我们在学习上不关心孩子，孩子学习不好，我们再辛苦有什么用啊?"庞亦飞的父亲听我这么说，不住地点头称是，我一看这效果达到了，就又说了些庞亦飞的优点，让他坚信孩子是好孩子，现在要做的是对他的教育跟上。最后庞亦飞的父亲若有所思地离开了学校。

这之后庞亦飞有了明显的变化，交作业积极了，而且字一天比一天写得好，我也抓住机会对他进行表扬，到期末考试时他的语文成绩居然达到了七十多分。这在以前可是想都不敢想的。

案例反思

这是一个家校合作成功的案例。案例中，首先老师注意了说话的策略，没有数落孩子的不是，让家长难堪，家长也积极配合，和老师共同商讨教育孩子的方法，可以看出，爸爸回家也确实注重了对庞亦飞的教育，这样，在学校、家庭和孩子三方的共同努力下，庞亦飞有了明显的进步。

有的家长会问：为什么以前老师很少叫家长来学校，现在动不动就叫家长？因为以前老师有很大的决定权，父母把孩子交给学校、交给老师就可以了，孩子犯了错，老师可以自行处置，但是现在大部分家庭都是独生子女，做父母的几乎把孩子当成自己的生命，对孩子过度骄纵、溺爱，因为孩子受一点委屈，父母到学校闹事的现象也层出不穷，导致学校老师不敢轻举妄动，所以只能把父母卷进来。有时父母需要从自身考虑这个问题。

其实，老师请家长的目的都是希望和父母沟通，在老师们的心中，家访也好，请父母到学校也好，都是为了加强沟通，共同教育好孩子。老师找家长一般是孩子在学校里发生以下一些状况，如打架、扰乱课堂秩序、破坏学校的东西、不认真完成

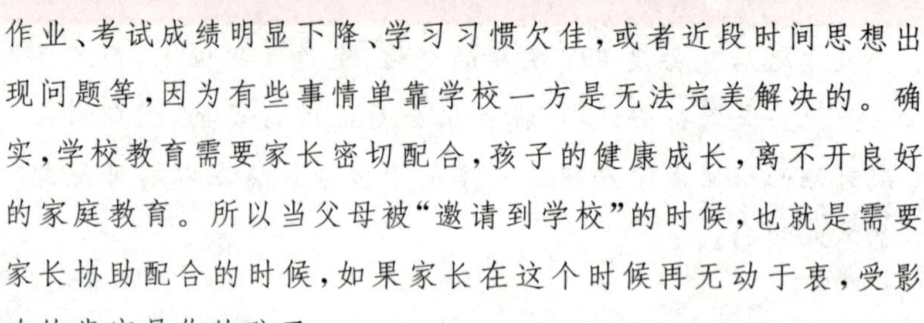

作业、考试成绩明显下降、学习习惯欠佳，或者近段时间思想出现问题等，因为有些事情单靠学校一方是无法完美解决的。确实，学校教育需要家长密切配合，孩子的健康成长，离不开良好的家庭教育。所以当父母被“邀请到学校”的时候，也就是需要家长协助配合的时候，如果家长在这个时候再无动于衷，受影响的肯定是你的孩子。

因此，家长不应该“怕”老师和“烦”老师，老师找你，说明他重视你的孩子，希望你的孩子能够更好，优秀的家长，都懂得跟老师统一战线，同心同德，形成合力。没有哪个老师希望自己的学生变差，明白这个出发点，父母就能理解老师了。此外，父母不要因为在老师那里了解到孩子的不是，回家对孩子发难，而应该注重和孩子的沟通方式，让孩子意识到自己的不足，并让他有信心去改正。

策略与建议

那么，当老师请家长时，父母该怎么办呢？

(1) 父母要正确看待老师找家长这件事。通常孩子最怕老师请家长，这意味着回家要挨骂、挨打；家长也不愿被请，这说明孩子在学校表现不好，给自己丢脸。其实，老师请家长的目的是和你一起教育你的孩子，因为老师跟家长的出发点和目标永远是一致的，那就是尽心尽力地教育好、引导好孩子，使他们向着更高更远的方向发展。而孩子在成长的道路上，难免会走偏，出现这样或那样的失误。所以，真正重视孩子的父母，不会不愿意去，或者去了就是解释原因，而是会和老师交流问题出现的原因，进而寻找解决方案，并付出实际行动，争取看到效果。

(2) 父母要主动和老师沟通。老师找家长，说明孩子的问题已经有点严重了，孩子一般的小问题，老师是不会找家长沟通的，但是我们做父母的在平时发现问题时，如果能积极主动地跟老师沟通，那在孩子学习这件事上绝对是有很大帮助的。平时，父母可以主动和老师沟通，与其老师请家长，不如主动联系老师。告诉老师孩子在家都喜欢做些什么，也可以分享一些私人信息，帮助老师了解孩子，同时也了解孩子在校的表现情况，发现问题一起分析原因，共同商讨解决办法。

(3) 父母要理性对待孩子的不足。当老师向父母指出孩子存在的不足时，除了道歉和感谢，行之有效的方法是家长静下心来，和孩子、老师一起了解事情的前因后果，探讨解决办法，并以实际行动慢慢引导孩子认识到自己的错误，并督促孩子改正。例如，对于只是一时调皮犯错的孩子，父母和老师需要让孩子明白他的调皮可能产生的后果，让孩子注意下次避免再发生这样的事情即可，不用兴师动众地去批评或者惩罚孩子。孩子毕竟还小，家长要允许孩子犯错，重要的是在孩子犯错后家长的积极引导，对孩子的教育也要注意动之以情，晓之以理，千万不要简单鲁莽。

总之，孩子在学校发生的事情没有小事，父母对老师的沟通也不用产生过分的紧张，只要多沟通一切问题都是可以解决的，父母对待事情的心态也影响孩子以后为人处世的方式方法，所以父母和老师一起努力才能帮助孩子有一个阳光美好的童年。

人生哲学

老师找家长，是为了你的孩子好。当老师在前面拉你的孩子时，请你别偷懒，加把劲，在旁边扶一扶，在后面推一推，千万别成为孩子健康成长道路上的阻碍。孩子犯错误并不可怕，可怕的是没能从中吸取教训，可怕的是一直故步自封，孩子的成长从来都不是一蹴而就的，而教育孩子则是我们父母一生的命题。

6. 孩子惧怕老师怎么办

教师个人的范例，对于青年人的心灵，是任何东西都不可能代替的最有用的阳光。

——乌申斯基

引入

有些孩子惧怕老师，尤其是幼儿园或小学阶段的孩子，该怎么办呢？有的孩子是因为胆子小、内向，对老师不熟而产生一种畏惧感，或者是因为老师比较凶，所以惧怕老师，或者是早期在学校有过不愉快体验后留下心理阴影……不管是由于什么原因，怕老师都是负面情绪，不利于孩子的成长，家长要帮助孩子解决这一问题。

案例①

佳佳读小学三年级，平时在人际交往方面没有问题，与同学和邻居小伙伴交往正常，玩耍、打球时配合默契，而且十分活跃，与妈妈的同事等长辈也能礼貌地打招呼，一点也不怯生。但在学校时，佳佳却特别胆小，尤其害怕老师。无论是上课时被老师叫起来回答问题，还是课后老师与他谈话，都可以看到他一副十分害怕的神情。眼睛根本不敢看老师，声音小得像蚊子叫，头低得恨不得地上有条缝可以钻进去。如果老师生气了嗓门稍大些，他的身体竟然会发抖。

因为害怕老师，佳佳对去学校读书特别没有兴趣，几次企图装病赖学。因此，在学校他的学习成绩一般，平时做什么事情都不主动。实际上，佳佳的班主任是个非常和蔼可亲的老教师，几乎所有的学生都很喜欢她，她对佳佳也很关心，为解决佳佳的问题亲自上门家访过好几次。妈妈也去学校和同学家长那里了解过情况，佳佳在学校因为怕老师，非常胆小，从没出现过违反学校纪律被老师批评的事情，与同学交往也正常，从没发生过吵架、打架或被其他同学欺负的情况。

佳佳为何在学校特别害怕老师呢？原来在佳佳两岁时，因为妈妈工作忙，将他送去了一家全托的托儿所。当时

---

① 三年级害怕老师[EB/OL]. http://www.360doc.com/content/14/0909/19/5315_408227059.shtml,2020-11-16.

还不太会说话的佳佳，每次星期天回到家中就大哭，拉着妈妈不愿松手。周一早上硬是不肯起床，还赖在地上抱着桌腿不肯出门，到了托儿所更是哭得昏天黑地。妈妈当时以为孩子怕生，过段时间熟悉了就好了。谁知佳佳越闹越厉害，后来发展到听到托儿所的名字就哭闹不休，半年后又生了场大病，才结束了去那家托儿所的日子。不过佳佳从此就变得特别害怕老师，只要见到老师就会特别紧张。后来妈妈了解到，佳佳在那家托儿所因为哭闹经常被一个脾气暴躁的老师骂，还曾被关过黑屋子。

案例反思

从案例中可以看出，佳佳对老师的惧怕，已经直接影响了他的学习兴趣和学习效率，必须引起老师和父母的重视，要解决这个问题必须先找到孩子惧怕老师的根源。

按照心理学家弗洛伊德的理论，所有人的精神创伤根源都在他的幼年时代。看来是佳佳两岁时的创伤经历在他的心理上留下了对老师的阴影，导致他对老师特别敏感，以后每次见到老师，他就会出现两岁当时害怕、无助的情感，从而不由自主地表现出对老师的恐惧。解决佳佳的问题，就要从治疗他幼年的创伤入手。家长可以对佳佳进行一番解释，告诉他那样的老师是极个别的，再加入对佳佳现在老师的赞誉，让佳佳多感受老师好的一面，慢慢消除对老师的惧怕。同时，也告诫父母尤其要关注低幼阶段孩子的感受，如果孩子不想上学，要注意背后的原因，而不是硬把他送去早教机构或幼儿园。

孩子惧怕老师的原因有多种，父母要找到孩子惧怕老师的原因，再对症下药，才能取得事半功倍的效果。平时父母要给孩子创造一种宽松的、自由的发表意见的氛围，使孩子遇到问题时，能毫不隐瞒地表达出负面情绪，及时接受疏导。尤其是在幼年时期，孩子还无法准确表达自己的意愿，父母一定要注意孩子的需求，不要把自己的想法强加给孩子或强迫孩子做他不愿意做的事情。

策略与建议

家庭和校园是教育孩子的不可缺少的两个部分，父母要了解孩子在学校的表现，老师也要了解孩子在家中的行为。父母应主动架起交流的桥梁，多和老师谈谈孩子的问题，找出孩子惧怕老师的根源，明确原因后，要纠正孩子的问题就能达到事半功倍的效果。

如果孩子是因为胆小，不敢和老师接触，就需要加强孩子接触人的训练，例如请同学到家里玩，或者让孩子去小朋友家玩，有意识地增加孩子与成人和老师交往的机会，建议成人或老师必要时给予一定的鼓励，增强孩子与人交往的自信。如果身边有当老师的朋友，多带孩子和这类朋友接触，时间久了，孩子就会明白老师其实并不像在课堂上那样，严厉、严肃，也和自己某个叔叔或者阿姨一样有温和的一面。

如果孩子是因为曾经挨过老师批评而怕老师，或是因为老师批评其他孩子的样子很凶，吓到了他，家长应该多和孩子沟通，让孩子明白老师这么做的原因，多启发孩子正视老师的批评。引导孩子看老师的优点，看老师帮助学生时流露出来的爱。只要孩子多看好的一面，就会逐步消除对老师的恐惧。同时，让孩子懂得换位思考，学会站在他人的角度考虑事情和处理问题，创造情境让孩子设身处地体会老师的难处，从而改善对老师的看法。平时还要加入一些对老师的赞誉之词，对孩子形成积极的暗示。而不要简单粗暴地批评孩子或对老师表达不满，以免加剧师生之间的矛盾，对孩子人格的形成产生负面影响。

此外，平时千万不要拿老师吓唬孩子。每当孩子表现不好时，有的父母常常习惯地让老师当“恶人”。例如，经常这样吓唬孩子：“你再这样，我告诉你老师，让老师收拾你！”“老师知道肯定饶不了你！”……这其实就是在不知不觉地放大孩子对老师的惧怕，让孩子从心底不喜欢老师、害怕老师。

人生哲学

如果想让孩子对学习感兴趣，并保持较高的学习效率，就要尽可能避免孩子由于对老师的抵触情绪而产生的不愉快学习体验。对于小学生来说，他们的认知、情感、人际交往、行为等多方面发展还不成熟。老师在孩子心中作为成人、长辈，有着丰富的知识、经验，具有权威性。这个阶段，虽然要树立老师在孩子心中的威严，但切不可让孩子恐惧老师，不敢接近老师，要让孩子在尊重老师的同时去爱老师。父母也要让孩子懂得，对老师的尊重并不等于认为老师做得都对，对老师有意见就应该向老师提出来，但必须讲究一些策略，最好是在事后找老师谈心，说明实情。这既是一个让老师更好地了解你的机会，同时也是一个真诚地爱护和帮助老师的机会。

人类的社会生活中，少不了沟通，少不了交流，人际关系的重要性不可言喻。随着独生子女家庭的增多，现在的孩子与外界交往的机会少了很多，由于缺少与同伴交往的经验，结果导致很多孩子不善于与他人相处，不懂得与人交往的技巧，社会交往能力差。孩子的交往能力并不是与生俱来的，而是可以通过后天的培养训练来提高的。在培养孩子的交往能力上，家长的作用是非常关键的。作为家长，我们应该明白，培养孩子的人际交往能力，其实是教孩子如何做人，这关乎孩子的一生，一定要引起重视。

参考文献

[1] 华海晏.和孩子沟通,有爱还不够[M].南宁:广西科学技术出版社,2017.

[2] 尹建莉.最美的教育最简单[M].北京:作家出版社,2014.

[3] 尹建莉.好妈妈胜过好老师2:自由的孩子最自觉[M].南昌:百花洲文艺出版社,2016.

[4] 阿黛尔·法伯,伊莱恩·玛兹丽施.如何说孩子才会听,如何听孩子才肯说[M].安燕玲,译.北京:中央编译出版社,2017.

[5] 罗娜·雷纳.不吼不叫:如何平静地让孩子与父母合作[M].钟煜,译.上海:上海社会科学院出版社,2016.

[6] 王修文.给孩子最好的家庭教育[M].杭州:浙江教育出版社,2011.

[7] 简·尼尔森.正面管教[M].玉冰,译.北京:北京联合出版公司,2016.

[8] 多湖辉.多湖辉正面管教法:这样与孩子沟通,成就孩子的一生[M].代芳芳,译.海口:南海出版公司,2014.

[9] 陈悦.人际交往心理学[M].北京:经济科学出版社,2013.

[10] 伊莎.犹太人育儿经[M].北京:中国商业出版社,2013.

[11] 武志红.为何家会伤人[M].北京:北京联合出版公司,2014.

[12] 陈鹤琴.家庭教育与父母教育[M].上海:上海人民出版社,2016.

[13] 里奥纳多·萨克斯.做恰到好处的父母[M].郑晓梅,罗萌,译.北京:中国青年出版社,2016.

后　　记

家庭是孩子来到这个世界之后开始人生之旅的第一场所，父母是孩子的第一任启蒙老师。在孩子最早打量世界、认识世界的时候，他们接触最多的人是父母，最先被孩子无条件认定的、最亲近的人还是父母。父母的一言一行、一举一止，都体现着他们的生活方式和人生态度。因此，作为家长必须时时处处以身作则，给孩子树立起良好的榜样。“智慧父母成长课堂”丛书就是基于此种主旨的探索，将理论与实证分析相结合，给家庭教育提供一些有益的启示和帮助。

期待通过本丛书的出版，能够帮助广大读者建立这样的家庭教育理念：家长对孩子的身体发育、心理发育、智力开发以及孩子各方面能力的培养肩负着无可替代的重要职责，既要教会孩子怎样学会知识，又要教会孩子怎样做人；家庭教育对孩子行为习惯的养成、学习态度的奠基、世界观和人生观的确立都有着重大的促进作用；每个孩子的成长，既要依靠学校教育的培育、社会教育的规范来完成，更需要家庭环境的滋养、家长教育的点亮来完善。

本丛书的顺利出版，首先要感谢上海开放大学副校长王伯军。王校长作为本丛书的总策划，确立了丛书的选题、结构框架、总体方向和表达风格。其次要感谢上海开放大学非学历教育部部长王松华和副部长姚爱芳，他们自始至终参与了丛书的策划和定稿，为丛书的顺利完成时时助力。

本丛书能够如期付梓，还要感谢几位作者，他们在丛书编委会的指导下度过了两年携手同行的编写时光。作为一线教师，在繁忙的教学和科研之中，他们对家庭教育满怀热情，以大胆执着的探索精神、扎实严谨的科学态度，在广泛调研的基础上，潜心写作，笔耕不辍，高效完成了本丛书的写作。在此，向他们表示由衷的敬佩和感谢！

本丛书的圆满出版，更要感谢清华大学出版社编辑团队，他们为丛书的设计和出版付出了辛勤劳动和专业智慧。同时，还要感谢上海开放大学人文学院艺术系的郭大伟老师，为丛书设计了精美的插画。

本丛书从制订撰写方案到完稿虽然有两年时间，但限于作者在这一新领域的撰写经验有限，丛书难免有疏漏或不当之处，敬请读者批评、指正。

最后，衷心祝愿天下所有父母和孩子生活圆满，幸福安康！

“智慧父母成长课堂”丛书主编　杨敏